Haciendo la conexión mente-cuerpo
con gimnasia para el cerebro

Haciendo la conexión mente-cuerpo con gimnasia para el cerebro

*Una divertida guía para liberar
los bloqueos físicos, emocionales y mentales*

Sharon Promislow

COORDINACIÓN EDITORIAL: Matilde Schoenfeld

CUIDADO DE EDICIÓN: Sagrario Nava

TRADUCCIÓN: Florencia Podestá

REVISIÓN TÉCNICA: Cristina Pruneda y Russell Gibbon

ILUSTRACIONES: Cathrine Levan

DISEÑO: Víctor Manuel Santos Gally

© 1998, 2005 Sharon Promislow

© 2013 Editorial Pax México, Librería Carlos Cesarman, S.A.
        Av. Cuauhtémoc 1430
        Col. Santa Cruz Atoyac
        México, D.F. 03310
        Tel: 5605-7677
        Fax: 5605-7600
        www.editorialpax.com

Primera edición
ISBN 978-607-7723-66 -0
Reservados todos los derechos
Impreso en México / *Printed in Mexico*

Índice

Prólogo xi

Dedicatoria xv

Agradecimientos xvii

1. MAPA DEL RECORRIDO 1

Antes de comenzar 3

La responsabilidad por uno mismo es la clave 4

Cómo manejar el "parloteo mental" 4

Cómo usar este libro 5

Permite que sea una experiencia emocionante 6

Conócete a ti mismo 6

Toma recesos frecuentemente 6

Actividades clave 7

Introducción 8

Conoce al sistema operativo más maravilloso:
 tu propio cerebro-cuerpo 8

Cuando nos sentimos "perdidos" 8

¿Qué es la "integración cerebro-cuerpo"? 9

¿Qué es un "estado"? 10

¿Qué es la Kinesiología especializada? 11

Nuestro modelo de energía 12

Cómo nos bloqueamos para el aprendizaje
 y para el buen desempeño 13

Conoce algunos botones de energía simples 14

Qué resultados puedo esperar 18

Este libro está diseñado como un proceso... 19

2. VERIFICAR EL EQUIPO 21

Dónde estoy ahora 23

Reflexión: mis características y comportamientos negativos ... 23

Dónde quiero estar 24

Reflexión: ¿qué deseo mejorar con este libro y por qué? 25

Cómo medir mi progreso 26

Observación: mi herramienta de bio-retroalimentación ... 26

El sándwich de información 26

La mente sobre la materia 27

Reflexión: yendo más allá de nuestras limitaciones 28

Conoce la base del funcionamiento actual de tu cerebro-cuerpo 29

Mi perfil personal de organización cerebral óptima 32

Reflexión: una exploración rápida de la dominancia cerebral 33

Enciende tu motor en seis pasos "ultra veloces" 36

Los Seis ultra veloces 37

3. IDENTIFICAR LOS OBSTÁCULOS 41

Examinemos más de cerca el estrés 43

¿Qué es el estrés? 43

Una mirada más atenta a la olla del estrés 44

Estar "un poco" estresado es como
estar "un poco" embarazado 44

Una patada en el trasero puede causar un dolor de cabeza 45

El bienestar continuo 45

Reflexión: ¿qué hay en tu olla de estrés? 46

Qué sucede cuando estás estresado 47

¡Oh, Dios mío! ¡Un tigre dientes de sable! 48

Otras reacciones psicológicas que afectan tu bienestar 50

¿Tigre asado para la cena? 51

Estresados y sin un lugar adónde ir 51

Superar los obstáculos 52

Los tres pasos para manejar el estrés 52

Reflexión: anota por lo menos dos estresores... 54

¿Qué más puedo hacer? 55

4. RECARGAR TU BATERÍA 57

Equilibrar la energía del cuerpo 59

Pre-verificación: toma conciencia
de tu funcionamiento actual 61

Actividades 61

Bebe agua: el mejor integrador del cerebro
y antídoto contra el estrés 61

"Botones" para equilibrar tu energía 62

Ganchos de Cook 63

Respiración polarizada 65

Postverificación: cuerpo eléctrico 66

5. COMUNICACIÓN DEL CEREBRO AL CUERPO 67

Cómo es la comunicación cerebro-cuerpo 69

Cómo funciona el cerebro 71

Datos básicos sobre el cerebro: sé un experto en 90 segundos 72

¿Cómo se comunica tu cerebro? 74

Conoce tu equipo de "relevos": tus neuronas 74

Pasar la batuta en la sinapsis 74

Las partes que hacen el todo 76

El cerebro posterior: la acción automática 77

El cerebro medio: la motivación 77

La corteza cerebral: razón e introspección 80

El todo en verdad es mayor que la suma de sus partes:
un modelo totalizador del funcionamiento del cerebro-cuerpo 82

La dimensión de enfoque: "¿dónde estoy?" 82

La dimensión de centraje: "¿dónde está?" 84

La dimensión de lateralidad: "¿qué es?" 84

Y, ¿para qué me sirve todo esto? 85

6. EQUILIBRADORES EMOCIONALES 87

¡No todo está en tu cabeza! 89

Esta casa tiene muchas puertas 92

Preverificación: estrés emocional 93

Actividades 94

  ¡No te preocupes! ¡Sostén tus Puntos positivos®! 94

    Liberando estrés del pasado 95

    Liberando estrés del futuro 95

    Otras variantes 95

    Otras aplicaciones 96

  Profundicemos la liberación del estrés
emocional con rotaciones oculares 96

  Anclar en aguas tranquilas 97

    Verificación posterior: estrés emocional 98

7. COMUNICACIÓN DEL CUERPO AL CEREBRO 101

Cómo se comunica el cuerpo 103

  Desde afuera: el lenguaje del cuerpo 103

  Conoce a tus mensajeros químicos 104

  Nuestro sistema motor 105

  Por último, ¡cómo se comunica un músculo! 107

  Siente la comunicación cerebro-músculo 108

  Verificación muscular: bio-retroalimentación de baja tecnología   109

8. EQUILIBRADORES CEREBRO-CUERPO 111

Muévete y conéctate 113

    Preverificación: cuerpo-cerebro 114

Actividades 116

  Marcha cruzada: un primer paso hacia
la integración cerebro-cuerpo 116

  Puntos reflejo para corregir el modo de andar 118

  Liberación del reflejo del tendón de protección 119

  La mecedora (bombeo sacro-espinal) 119

  El energetizador® 120

  Liberación de los músculos de la pierna 121

  Relajamiento de cuello y hombros 122

  Deshazte de la tensión y el dolor de cabeza 122

  Bostezar 123

  ¡Respira profundamente! 124

    Verificación posterior: cerebro-cuerpo 125

9. AGUZAR LOS SENTIDOS 127
  Ser sensibles 129
    Recuperar tus sentidos 129
  Visión 132
    Preverificación: visión 135
  Actividades 135
    Ochos perezosos® para los ojos 135
    Puntos oculares 136
    Palmas sobre los ojos 137
      Verificación posterior: visión 137
  El oído 138
    Preverificación: audición 141
  Actividades 142
    ¡Eres todo oídos! 142
    El búho® 142
    Hipertón-X para relajar el cuello 143
      Verificación posterior: audición 144

10. AFINACIÓN 145
  Motricidad fina 147
    Preverificación 149
  Actividades 149
    Ochos perezosos® para la escritura 149
    Ochos alfabéticos® 150
    El trébol® 150
      Verificación posterior: nota la diferencia 151

**11. LA VIDA REAL: CÓMO APLICAR
    TODO LO QUE APRENDISTE** 153
  Completa tu proceso personal 155
  El modo más simple de usar tus herramientas 156
    Repaso de los Seis ultra veloces 158
    Otras sugerencias para uso diario 159
  Uniendo todo: diez pasos para lograr el cambio 161
    Síntesis: proceso de cambio en diez pasos 166
    1. Parte de un estado de equilibrio 169
    2. Define una meta clara y positiva 169

3. La voluntad de estar mejor 172

4. Activa la meta: visualiza y escenifica una acción relevante 173

5. Diagnostica tu funcionamiento actual: la preverificación 173

6. Permítete convivir con la incertidumbre 177

7. Usa los equilibradores cerebro-cuerpo
para terminar el trabajo 177

8. Asegurando el nuevo aprendizaje: verificación posterior 178

9. Mi plan de acción personal 183

10. Celebra tu logro 184

Vuelve a aplicar estos pasos con los nuevos retos o metas 185

12. REFERENCIAS 187

Qué sigue 189

Oportunidades educativas 191

Bibliografía y materiales recomendados 193

Índice analítico 197

Avances de próximas atracciones 204

Acerca de la autora 205

Acerca de la ilustradora 205

Prólogo

Si éste es tu primer acercamiento al área de la integración cerebro-cuerpo, te doy la bienvenida a la gran aventura en autodescubrimiento. Una vez dicho lo anterior, sugiero que te sumerjas en el libro y lo experimentes de la misma manera como fue diseñado. Para que un aprendizaje resulte sencillo, casi todos necesitamos un marco de referencia para situar nuevos conceptos. Podrás adquirir dicho marco a partir de los capítulos que siguen. Después vuelve a esta introducción para comprobar tu comprensión. Ya nos veremos y… ¡prepárate para asombrarte!

Para quienes éste no es su primer contacto con el tema, bienvenidos. Ésta es la traducción a la segunda edición de mi libro en inglés. Durante un año me dediqué a revisar la información que contenía mi libro original. Mi intención era añadir cualquier descubrimiento revolucionario que pudiera influir de modo significativo sobre el contenido del escrito. Después de todo, la investigación sobre el cerebro se ha expandido a un paso más que acelerado durante los últimos años. Para mi agrado y satisfacción, pude constatar que la información que doy es tan sólida e incluyente como cuando el texto fue publicado en 1998, y sólo bastaron unos toques para actualizarlo. Sin embargo, aunque sí obtuve algunos nuevos conocimientos, de haber intentado integrarlos, éstos habrían alterado la fluidez del texto.

El primero es un marco de referencia más amplio y simple de nuestro entendimiento acerca de la respuesta o reacción habitual ante el estrés y cómo influye en nosotros. La manera saludable de manejar el estrés es tomar la acción apropiada y resolver el problema. Sin embargo, las respuestas más comunes casi siempre son un reflejo.

Quizá no estás familiarizado con tres de esos cuatro reflejos. El primero es "congelar" un *shock* momentáneo para el sistema antes de que el cerebro pueda seleccionar de su menú de reflejos automáticos y reacciones aprendidas almacenados en el cerebelo y luego, si uno tiene la fortuna, acceder a nuevas soluciones en la corteza cerebral[1].

Hay quienes nunca avanzan; se quedan atorados en un absoluto azoro (p. 51) o con la convicción de: "con que permanezca sin moverme, nadie podrá verme y estaré a salvo". En una forma de vida simple, estos rasgos para camuflaje pueden funcionar, pero obviamente se trata del método menos efectivo en que los humanos podemos lidiar con el peligro. Nos encontramos inmóviles, sin poder protegernos, y las hormonas de estrés que son bombeadas a nuestro sistema no se apagarán a menos de que tomemos acción.

En realidad conocemos más los dos reflejos de "pelear" y "huir" (ve las páginas 48 y 49). La típica investigación sobre el estrés, tradicionalmente efectuada con sujetos masculinos, derivó en esas respuestas-reflejo básicas ante un reto estresante.

"Pelear" o luchar contra una amenaza es la primera reacción para la mayoría: devolver el golpe (idealmente, actuando de manera responsable), para evitar una consecuencia de cuidado. Incluso cuando no es una respuesta apropiada, el mismo hecho de que la persona actúe permite que las hormonas de estrés se disipen, dando al sistema la oportunidad de calmarse y regresar a un estado normal. Tanto para bien como para mal, la respuesta de "pelear" es un rasgo de supervivencia humana profundamente arraigado.

La tercera reacción es "huir". Alejarse de un peligro no resuelve de modo permanente un problema; sin embargo, el acto físico de utilizar los grupos de músculos más grandes al correr sí ayuda a disipar las hormonas de estrés y, al menos temporalmente, evita que uno sea dañado.

La cuarta reacción es típicamente femenina. Investigaciones recientes sugieren que la mujer tiende a "agruparse" si se haya bajo estrés. Secreta más

---

1   Catherine Levan aclaró el orden de las cuatro reacciones al señalar que existen dos etapas en el "congelamiento". Nuestra primera reacción al estímulo (alarma) puede variar de una fracción de segundo a varios segundos, mientras que RAS determina el nivel de la amenaza. A partir de ese punto, el individuo avanza a la etapa de respuesta.

oxitocina (neurotransmisor del cerebro responsable del amor y el apego), así como endorfinas (mensajeras del bienestar)[2] y es más propensa a buscar amistades o familiares para dar y recibir apoyo, consuelo, resolver sus problemas y ser protegida. En mi opinión, ¡una reacción bastante positiva! De nuevo, la ciencia parece apoyar lo que ya hemos observado en la vida diaria. De manera que una nueva forma de explicar la manera en que instintivamente reaccionamos ante el estrés es el concepto de las cuatro respuestas: congelar, luchar, huir o agruparse. ¿Cuál de estas respuestas te parece la más común?

El papel integral de mente, corazón y emociones desempeñado por nuestro ser físico ha sido mayormente reconocido durante los últimos años, tanto por la ciencia como por los practicantes de la ciencia alternativa. La psiconeuroinmunología, la fisiología energética, la psicología energética, la kinesiología energética y otras modalidades rinden homenaje a la interconexión de la mente, cuerpo, emociones y espíritu. Subrayan la verdad básica: es esencial entender por completo la manera como operan conjuntamente nuestro cerebro y nuestros sistemas corporales, influidos por y que influyen en nuestras reacciones ante la energía que nos rodea.

A la luz de la avalancha de información a la que actualmente tenemos acceso, más que nunca el presente libro resulta una ayuda valiosa, que culmina con los "Diez pasos hacia el cambio" (pp. 161 a 185). Dicho proceso es un claro marco de referencia para un profundo entendimiento de cómo reaccionamos en todos los niveles a los retos de nuestra vida y al mundo. Ofrece una guía paso a paso para la resolución de problemas personales, la eliminación de hábitos inadecuados y la reeducación de las reacciones que tenemos ante el estrés y que no nos ayudan. Este formato de diez pasos incluye lo que ya conoces para desactivar el estrés y todo lo nuevo que aprenderás una vez que hayas terminado la lectura.

Después de la primera edición, escribí *Putting Out the Fire of Fear*, un segundo libro que se enfoca más específicamente en los efectos del estrés y el temor en nuestro mundo inestable, en especial sobre el desorden de estrés postraumático. Recomiendo esa lectura para quienes desean un conocimiento más detallado acerca de lo que el estrés extremo hace en nuestros estados mental, físico y emocional.

---

[2] *Tend and Befriend*, Psychology Today, septiembre/octubre, 2000.

Disfruto siempre conocer las opiniones de mis lectores y los animo a que me envíen sus comentarios acerca de esta edición revisada a: learning@en-hancedlearning.com

SHARON PROMISLOW

Dedicatoria

Todo mi amor para mi familia: a Barry por su paciencia y su apoyo; a Sean por su constante inspiración y sus conocimientos de computación; a Elana por sus graciosos dibujos, a los que recurrimos en este libro; a Eric, Judy, Aimee, Daniel y sus maravillosas familias por enriquecer mi vida.

Agradezco a mis colegas que contribuyeron a que este libro se realizara: a Michael Delory por el formato de la edición borrador; a Cathrine Levan, con cuyo optimismo inclaudicable, sus conocimientos de computación y maestría editorial, ayudó a impulsar este proyecto hasta su culminación. Asimismo, en este proceso reveló otro de sus muchos talentos creando ilustraciones sensacionales; Marilee Boitson, quien podría ser contratada por el Departamento de Recursos Naturales después de todo el tiempo que pasó apartándome de los árboles para que pudiera ver el bosque. Sin su visión, su guía amable y su trabajo de edición, este libro sería aún más largo, y la mitad de claro; y a mi amigo y colega Joy Ridenour, por su apoyo y su línea de fax siempre abierta.

Agradecimientos

Si bien son resultado de la síntesis de varias disciplinas educativas y de kinesiología especializada, los conceptos y actividades en este libro tienen una deuda particular con Kinesiología Educativa y con el trabajo de Gail Dennison y el doctor Paul Dennison. Sus perspectivas acerca del aprendizaje por medio del movimiento, del proceso mismo de aprendizaje, del procesamiento sensorial mejorado, la percepción y el auténtico significado de educación, constituyen una gran inspiración para este libro. La disposición constante de los Dennison para ayudarme a afinar los conceptos de Gimnasia para el cerebro® fue, y es, excepcional.

La doctora Carla Hannaford, autora del libro *Aprender moviendo el cuerpo* fue generosa con su tiempo, sabiduría y correos electrónicos, respondiendo muchas preguntas acerca de la Gimnasia para el cerebro® y el movimiento. Rose Fischer-Peirick nunca se cansó de mis preguntas. El doctor Wayne Topping, autor de *Success over Distress*, y creador de la Kinesiología del Bienestar, continuó con su larga tradición de mentor apoyándome y compartiendo material. ¡Gracias Wayne!

También estoy muy agradecida con Daniel Whiteside, Gordon Stokes y Candance Callaway, creadores de los Conceptos Tres en Uno, quienes aportaron nueva reflexión y energía al arte del manejo del estrés, a la mejora del aprendizaje y al modelo de autorresponsabilidad; con Eric Jensen, autor de *Brain-Based Learning and Teaching*, por ayudarme a enmarcar mis conocimientos de kinesiología dentro del Aprendizaje Basado en el Cerebro y el Manejo de Estados, y por abrir una nueva puerta para mi facilitación del aprendizaje; con John Thie, quien comenzó todo esto al hacer comprender al hombre común cómo mantener su cuerpo balanceado con su trabajo seminal *Touch for Health*.

Un agradecimiento de corazón a los colegas que se tomaron el tiempo para darme su opinión y apoyo en las diversas etapas del proceso de edición, eliminando los posibles errores. Agradezco en orden alfabético a: Carol Anne Bickerstaff, Pamela Curlee, Gail Dennison y el doctor Paul Dennison, Yvette Eastman, Rose Fischer-Peirick, la doctora Carla Hannaford, Eric Jensen, Kenneth Kline, la doctora en filosofía, Marilyn Lugaro, John Maguire, Joanne MacDonald, Stephanie Mogg, Paula Oleska, Raleigh Philp, Joy Ridenour, John Thie, y el doctor Wayne Topping, más muchos otros amigos y estudiantes cuyos comentarios influyeron sobre estas páginas.

Conceptos y actividades de todas estas fuentes constituyen la columna vertebral de este trabajo. Sin embargo, la síntesis es mía, iluminada por la potente dirección y habilidades editoriales de Marilee Boitson, quien la enriqueció y dio forma. Le agradezco por compartir generosamente su punto de vista, su comprensión de mi material, y por permitirme hacer uso de sus ideas. La interpretación final es mía; y cualquier error (¡que no los haya!) también lo es.

Un agradecimiento final a todas las personas maravillosas que he conocido desde que este libro fuera publicado por primera vez, las cuales se han tomado el tiempo para expresarme su aprecio y ofrecer retroalimentación positiva en cuanto al valor que el libro ha tenido en su vida personal y profesional. Me siento honrada.

SHARON PROMISLOW

Mapa del recorrido

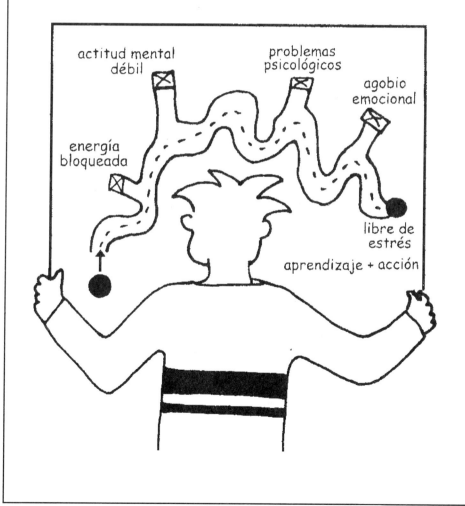

En el cuerpo no existe una separación entre la experiencia del sistema nervioso central y la función de la memoria. La experiencia del pasado ha sido fijada y retenida por las sinapsis neuronales ocurridas en ese preciso instante. Cada músculo, nervio y tejido que han participado en esa experiencia han sido afectados y 'recordarán' a su manera.

GORDON STOKES y DANIEL WHITESIDE
Tools of the Trade, p. 71.

Antes de comenzar

Este libro, si bien se apoya sobre la más reciente investigación y teoría, no pretende ser un tratado científico exhaustivo. Mi propósito es que tú puedas descubrir objetivamente tus respuestas ante el estrés, obtener nuevos conocimientos acerca de tu sistema cerebro-cuerpo, y divertirte mientras juzgas personalmente la eficacia de las actividades que propongo. Te invito a "hacer" de este libro un proceso, en lugar de solamente leerlo.

Este libro sintetiza las teorías más actualizadas sobre el aprendizaje, el cerebro y el estrés con elementos de Kinesiología especializada, dando como resultado un modelo de fácil empleo para la efectiva transformación personal y el manejo de sus etapas.

He optado por hablar solamente del sistema cerebro-cuerpo, en lugar de adentrarme en una discusión sobre la "mente" y la "conciencia", un tema en verdad más complejo. Lo primero es lo primero: en el nivel básico, el cerebro es un simple –y a la vez complejo– órgano vital del cuerpo, una parte del todo. Ni más ni menos. Sin embargo, por muchos años, la civilización occidental percibió al cuerpo como algo separado de la mente o cerebro. Resulta útil enfatizar la verdad fisiológica volviendo a vincular los términos en una única entidad: "cerebro-cuerpo". Para una mejor comprensión, puedes sustituirla en la lectura por los términos "mente-cuerpo" o "sistema".

Muchos autores han tratado el tema de "la mente sobre la materia"; es decir, cómo nuestra intención consciente puede influir sobre el funcionamiento y el bienestar de nuestro cuerpo. Este libro también trata del poder de "la materia sobre la mente": cómo el reeducar las respuestas del cerebro-cuerpo y el establecer

Mmmm mmmmm
¡La fórmula correcta!

$$\frac{Materia}{Mente} = \frac{Mente}{Materia}$$

La materia influye en la mente, de la misma forma en que la mente influye en la materia.

3

redes de comunicación sanas afecta no sólo a tu cuerpo físico, sino también a tu aprendizaje, desempeño y actitud; en esencia, tu ser total.

Como kinesióloga educativa mi pasión es conseguir que la gente logre entender y mejorar el *hardware* de su cerebro-cuerpo; es decir, establecer y/o fortalecer las conexiones neuronales para una mejor comprensión y desempeño. Mi objetivo siempre ha sido comunicar cómo trabajan el cerebro, el cuerpo y los sentidos, y cómo pueden funcionar mejor. Este libro pone en el papel aquello que me encanta compartir, entre risas y movimiento, en la interacción personal. Entonces, te toca hacer tu parte. Te invito a dar un sentido de aventura y de juego a estas páginas. En realidad lo que haremos es trabajar sobre conexiones neuronales que fueron establecidas durante la infancia, las que podemos profundizar y refrescar a cualquier edad. Comparte con tu familia y amigos lo que "te nazca". ¡Es bueno para todos!

La responsabilidad por uno mismo es la clave

En este libro te presentaremos algunos movimientos suaves diseñados para desarrollar las conexiones neuronales que te energizarán y mejorarán la comunicación entre tu cerebro y tu cuerpo. Sólo recuerda: el único experto eres tú, y en ningún caso deberías sentir molestias mientras realizas las actividades. Hazlas en la medida en que te sientas cómodo, y considera el criterio del médico. Los movimientos pequeños pueden activar los circuitos tanto como los amplios; tú notarás los efectos.

· ·
Recuerda: el único experto sobre ti mismo, ¡eres tú! Responsabilízate.
· ·

Cómo manejar el "parloteo mental"

¿Algo te impide concentrarte completamente mientras lees este libro? ¿Hay tareas que cumplir, niños que recoger, llamadas que hacer, etcétera? ¡detente! Pon por escrito este "parloteo mental" ahora mismo, así tu cerebro podrá relajarse y sentir que está organizado. De otro modo, el cerebro se sentirá obligado una y otra vez a extraer de tu inconsciente, recordatorios en momentos inoportunos, interrumpiendo tu concentración. Si aparece más parloteo mental mientras lees este libro, agrégalo a la lista y comprométete contigo mismo a ocuparte de ello más adelante. Además, advierte que ésta es una efectiva técnica de manejo del estrés.

Parloteo mental: recordatorio de las cosas que debo hacer más tarde:

❏ _____

❏ _____

❏ _____

❏ _____

❏ _____

❏ _____

❏ _____

❏ _____

❏ _____

❏ _____

❏ _____

Pendientes:
1. Lavar la ropa
2. Recoger a los niños
3. Hacer compras
4. Limpiar el jardín
5. Cita con Georgina
Oh, ¡se me olvidó! Tengo que entregar un reporte el lunes... ¡la fiesta del sábado...! ¡ayuda!

No te distraigas con el parloteo mental.

Cada vez que encuentres el símbolo lápiz, escribe tus reflexiones.

Cómo usar este libro

Como dijo una vez Cole Porter: "¡Todo se vale!" Examina el libro de derecha a izquierda, de abajo hacia arriba. Lee las secciones de teoría, o ve directamente a los Equilibradores. Lee los contenidos en el comienzo de cada sección y agudiza tu cerebro haciendo algunas preguntas. Aprende los Seis pasos ultra veloces en las páginas 36-39 antes de leer el texto. Da un paseo entre los capítulos. Sólo mira los dibujos. Procesa el libro entero desde el principio hasta el final. Enfócate en lo que te afecta en este momento. Haz las actividades de introspección. Tómate una merienda. Fíjate objetivos primero. Subraya lo que más te guste. Escribe notas en las columnas. Explora

Lee este libro de atrás hacia delante o de arriba hacia abajo. Levántalo. Tal vez también lo puedas sostener con tu cabeza para mejorar tu postura.

y comparte tus propias buenas ideas. Rechaza páginas importantes. Lee en voz alta con un amigo. Lo único que no debes hacer es guardar el libro en un estante y olvidarlo. Se quejará hasta que decidas jugar con él.

Permite que sea una experiencia emocionante

Las actividades de la conexión cerebro-cuerpo se concibieron para ser vividas con todos tus sentidos. No te limites a leerlas, ¡ponlas en práctica! Obtendrás resultados mucho más profundos si te mueves, haces y participas, que si sólo lees o escuchas.

Conócete a ti mismo

Tómate un tiempo para completar reflexivamente las actividades de este libro que implican introspección. Al identificar conscientemente cómo estás funcionando y establecer objetivos específicos cuando se requieren, obtendrás una percepción consciente y autoconocimiento valiosos tanto de tus objetivos como de las reacciones de tu cerebro-cuerpo. Este conocimiento te ayudará a definir en cuáles áreas obtendrías mayores beneficios al mejorar tu desempeño. También podrás advertir cómo te sientes y cómo funcionas en relación con tus tareas antes de usar los equilibradores cerebro-cuerpo, dándote así un parámetro para medir las mejoras que experimentarás.

Toma recesos frecuentemente

Cada vez que sientas que tu cerebro se está cansando del diálogo interno, tómate un descanso; bebe un traguito de agua, haz algunos estiramientos, busca alguna nueva actividad cerebro-cuerpo y juega con ella. Haz lo que sea necesario... luego regresa a tu texto sintiéndote renovado. El cerebro está diseñado para trabajar en ciclos que van entre la adquisición de la nueva información y la integración de la misma en el contexto de la conexión cerebro-cuerpo. La investigación del cerebro muestra que somos capaces de concentrarnos en aprender nueva información hasta un equivalente en minutos similar a nuestra edad, hasta un máximo de 20. Por lo tanto, date descansos frecuentemente y compleméntalos con las recomendaciones para un aprendizaje libre de estrés que describo en la página 185.

Actividades clave

Mira los siguientes símbolos para acelerar tu proceso

Actividad de interiorización: responde honestamente a las preguntas de interiorización con la finalidad de acentuar la autopercepción de tu comportamiento y nivel de funcionamiento actual.

Actividad de preverificación: percibe cómo te sientes y funcionas antes de utilizar los equilibradores cerebro-cuerpo, con la finalidad de que tengas un parámetro contra el cual podrás medir o evaluar tu mejoramiento.

Equilibrador cerebro-cuerpo: una actividad que restaura la integración cerebro-cuerpo desbloquea la energía atorada y propicia un funcionamiento óptimo, fluido.

Actividad de postverificación: repite la actividad de preverificación realizada para que puedas notar las mejoras en tu rendimiento y la fluidez de tu funcionamiento, logrando con ello que la reeducación de tu sistema cerebro-cuerpo sea más permanente.

Actividad con los "Seis ultra veloces": utiliza cualquiera de las actividades equilibrantes de autoayuda enlistadas en las páginas 36-39. Recuerda que las puedes realizar en cualquier momento o lugar, en forma discreta. En su conjunto, restauran el equilibrio y el enfoque del sistema cerebro-cuerpo.

Introducción

Conoce al sistema operativo más maravilloso: tu propio cerebro-cuerpo

Todos los días se anuncian nuevos avances tecnológicos: computadoras más rápidas con sistemas operativos más elaborados, que procesan tareas más complicadas con mayor facilidad, que tienen mayor memoria ram, o en el disco duro, y que se comunican mejor con otros sistemas.

Es asombroso darse cuenta de que la misma gente que invierte tiempo, energía y dinero en adquirir y aprender cómo operar estos milagros tecnológicos, olvida que su propio sistema cerebro-cuerpo es el mejor ejemplo de funcionamiento integrado que existe en el planeta. Ciertamente, años luz más allá de la tecnología más avanzada.

Todos queremos disfrutar de una mayor productividad, creatividad, salud y bienestar. Entonces, ¿estás dispuesto a invertir unos momentos para descubrir algunos de los principios simples y holísticos según los cuales opera tu cerebro-cuerpo? ¿Estás dispuesto a aprender algunas actividades sencillas para asegurar su mejor funcionamiento? ¿Estás decidido simplemente a sentirte mejor? No se necesitan materiales especiales. Ya posees todo lo necesario en tu propio ser y en las palmas de tus manos.

Cuando nos sentimos "perdidos"

Eres un estudiante, un profesional o un atleta, bien preparado para tu examen, reunión, o juego. Conoces tu materia, y entonces… precisamente cuando importa –en el examen, frente a una audiencia, en el campo de juego–… te quedas en blanco, olvidas las respuestas, te desconcentras y, literal o metafóricamente, pierdes la pelota.

¿Qué nos impide desempeñarnos en nuestro máximo potencial? ¿Qué obstaculiza nuestra mayor creatividad, la realización de nuestros objetivos y triunfar en nuestras vidas personales y profesionales?

Sé que se me perdió por aquí

Lo bueno de perder algo es lo bien que te sientes cuando lo encuentras.

Expresado en pocas palabras, tan pronto como nos estresamos desaparece la integración cerebro-cuerpo, dejándonos incapacitados y/o desconectados para vivir y aprender. Muchos problemas de conducta y de aprendizaje, como el quedar con la mente en blanco durante un examen cuando sabíamos las respuestas cinco minutos antes, representan esta desintegración.

Cuando estamos sometidos a estrés, la energía destinada a las áreas cerebrales del razonamiento cortical superior puede verse bloqueada, la comunicación entre el hemisferio derecho y el izquierdo se interrumpe, y los órganos sensoriales (ojos, oídos, etcé-

¿Cerré la casa?

Bajo cualquier forma de estrés se pierde la integración cerebral y se vuelve difícil pensar y hacer cosas a la vez.

tera) pueden "desconectarse" involuntariamente. Retrocedemos hacia un esquema de organización cerebral enganchado a nuestra supervivencia, el cual interrumpe el acceso al cerebro y los sentidos no-dominantes. Como consecuencia se vuelve difícil hacer y pensar al mismo tiempo. Todo requiere mayor esfuerzo, y se elevan aún más los niveles de estrés. Necesitamos liberar esa energía bloqueada y restablecer la comunicación si queremos integrar nuestro sistema cerebro-cuerpo y desempeñarnos de manera excelente.

La interferencia en la comunicación óptima cerebro-cuerpo es lo que causa los bloqueos. La *conexión cerebro-cuerpo* te enseñará a reconocer cómo y dónde está ocurriendo la interferencia, y luego te dará las herramientas de la Kinesiología especializada para eliminar esa interferencia. Estas habilidades te permitirán liberarte de los bloqueos mentales, físicos y emocionales, que sabotean tus mejores esfuerzos, o por lo menos, te señalarán con precisión cuáles son las áreas débiles en donde puede ser necesario un apoyo profesional adicional.

¿Qué es la "integración cerebro-cuerpo"?

Cuando funcionamos de manera óptima, de todas partes del cuerpo parten mensajes hacia el cerebro y regresan al cuerpo en un viaje circular. La información sensorial es procesada de un modo integrado en todo el cere-

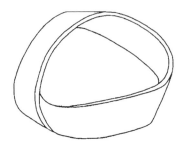

La cinta de Moebius es una metáfora perfecta de la comunicación cerebro-cuerpo.

bro, con lo cual la acción intencional resulta fácil. ¿Has jugado con el concepto matemático de la cinta de Moebius? Toma una cinta de papel, dale una media torción antes de fijar los dos extremos con una cinta adhesiva: acabarás con una superficie circular que no tiene fin ni principio, ya que ambas caras de la cinta —interior y exterior— fluyen la una en la otra en una continuidad. Ésta resulta una buena metáfora para la relación del funcionamiento óptimo del cerebro-cuerpo.

Una comunicación clara en el nivel corporal es condición de nuestra capacidad para pensar y expresarnos con claridad en nuestra vida intelectual.

¿Qué es un "estado"?

Un estado es un "momento mental-corporal", y se compone de nuestros pensamientos, nuestros sentimientos y nuestra fisiología, incluyendo nuestros movimientos oculares, patrones respiratorios, posturas y gestos, estado de salud y comodidad física.[1] Un estado puede cambiar en forma instantánea, tan pronto como cambie alguna de las variables.[2]

Imagínate por un momento que estás frente a una chimenea con el fuego encendido, los pies sobre un sofá, buena música, algo de tomar a la mano. ¡Ahhhh…! Ahora, imagina vívidamente que estás en medio de la hora de mayor tránsito, las bocinas suenan, las manos se aferran al volante, la adrenalina fluye cuando intentas moverte de fila. Advierte la diferencia en tus pensamientos, sentimientos y cuerpo (tu estado) en el momento que cambias tus pensamientos.

Los investigadores educativos han determinado que el estado ideal para el aprendizaje es un estado de conciencia conocido como "fluido", un esta-

---

1   Eric Jensen, *Brain-Based 6 Day Certification Manual*, p. 36.

2   Te remito al libro *Brain-Based Learning and Teaching*, del doctor Eric Jensen, pp. 120-121, para un resumen conciso de los estados cerebrales, que van del nivel Delta al súperbeta, y para conocer cuál es el estado más adecuado para un tipo específico de aprendizaje. Asimismo, Jensen correlaciona signos fisiológicos observables de diversos estados cerebrales negativos, y las estrategias más comúnmente utilizadas para modificar dichos estados: variaciones en la actividad, entorno, personas, tono, enfoque y características del estudiante. La modificación de un estado puede ser tan simple como beber agua, un cambio en la voz, el lugar, la iluminación o la música.

do ininterrumpido en el que uno se "pierde" dentro de la acción, una absorción atemporal y placentera en la experiencia. Eric Jensen lo resume: "cuando tus habilidades, atención, contexto y deseo se combinan en la tarea, estás 'fluyendo'. Es la combinación perfecta en donde tus habilidades personales aumentan en la misma medida en que parece aumentar el desafío de la tarea".[3]

Si queremos sentirnos bien físicamente, mentalmente alertas y productivos, y emocionalmente equilibrados, debemos saber cómo obtener y preservar este estado positivo y equilibrado. La Kinesiología especializada brinda una nueva y maravillosa perspectiva de la ciencia y el arte del manejo de los estados. Vamos a comprobar en carne propia que el manejo de los estados no es solamente una actividad mental: ¡es una experiencia cerebro-cuerpo que te pone a fluir de pies a cabeza!

Flecha Roja o Estrella Blanca no significa necesariamente que vayas a Cuernavaca.

¿Qué es la Kinesiología especializada?[4]

Se define a la kinesiología como el estudio del cuerpo en movimiento. La Kinesiología (Energía) especializada enseña técnicas simples y a la vez profundas, que realizan la conexión cerebro-cuerpo con el fin de mejorar su funcionamiento. Este campo de estudio sintetiza principios y técnicas de la Kinesiología aplicada, acupresión, teoría de la energía, la más reciente investigación sobre el cerebro, el manejo del estrés, programación neurolingüística, quiropraxia y trabajo corporal, en un modelo abierto basado en la

---

3   Ibid., p. 117.

4   Una historia breve de la Kinesiología especializada: La Kinesiología aplicada se desarrolló gracias al trabajo de médicos que observaron la relación entre cómo es que los músculos y el movimiento pueden afectar y reflejar los cambios dentro de los sistemas corporales, incluyendo el funcionamiento cerebral. La verificación muscular –aislamiento de un músculo y comprobación de su habilidad para bloquearse cuando está tenso– fue primeramente aplicada por algunos médicos a principios del siglo xx.

Cuando experimentamos un trauma, la posición de nuestro cuerpo, aunada a todo lo que estamos sintiendo, pensando, viendo y escuchando, se queda bloqueado en un circuito.

energía que tiene por objetivo la reeducación de la respuesta neuronal del cuerpo ante el estrés.

La Kinesiología especializada estudia cómo los músculos, el movimiento y la postura pueden afectar y también reflejar el cambio dentro de los propios sistemas corporales. Utilizaremos esa información para señalar dónde se necesitan mejoras, y luego las actividades equilibradoras para confirmar que las hemos conseguido. Comparado con el modelo médico que responde a los síntomas, preferimos concentrarnos exclusivamente en que el cuerpo restablezca su natural flujo de energía y movimiento, y en evitar la respuesta clásica ante al estrés. Cuando verificamos un músculo, no medimos su fuerza sino que a través de él evaluamos al sistema nervioso que controla su funcionamiento.[5]

Nuestro modelo de energía

En el modelo de energía de la Kinesiología especializada, la fusión entre cuerpo físico, percepción mental y emociones es holística y completa, en otras palabras, comprende un único "estado del ser" que subyace a nuestro

---

Cayó en desuso con la aparición de nueva tecnología para el diagnóstico. Más tarde, fue retomada por naturópatas y quiroprácticos, debido a su capacidad natural de biorretroalimentación.

El doctor George Goodheart, quiropráctico que descubrió la relación entre la integración muscular, el funcionamiento del cuerpo y la energía de los meridianos, fundó el Colegio Internacional de Kinesiología aplicada, para profesionales de la Medicina en los años 60. El doctor John Thie, colega del doctor Goodheart, vio la necesidad de compartir los preceptos básicos del autocuidado personal con el público en general. Combinó una introducción básica a los botones e interruptores del cuerpo con aspectos de la teoría oriental de los meridianos en su primer libro *Touch for Health*, publicado por primera vez en 1973. Éste fue el momento de inicio para un modelo educativo de alcance mundial que subraya la importancia de la responsabilidad personal y que ha atraído a educadores, profesionales de las artes curativas, psicólogos y personas de muy diversos estilos de vida. Se han desarrollado múltiples especialidades a partir de la Kinesiología de Toque para la salud, las cuales reciben en su conjunto el nombre de Kinesiologías especializadas. Este libro incursiona en las implicaciones de este campo para el manejo del estrés, la educación y el rendimiento personal.

5   *Kinesiology*, Ann Holdway, p. 11.

comportamiento. Si se cambia un componente del estado, cualquiera sea la proporción, el estado total necesariamente se transforma, dando lugar a nuevas posibilidades de comportamiento. Recíprocamente, las modificaciones en el comportamiento producen cambios en el estado. Así es como ocurren modificaciones aparentemente milagrosas en el aprendizaje y en el funcionamiento a partir de intervenciones sencillas. Por esto la Kinesiología especializada, al igual que la Educativa y otras numerosas modalidades, funcionan.

Cómo nos bloqueamos para el aprendizaje y para el buen desempeño

¿Cómo surgen los bloqueos que perturban nuestro óptimo estado del ser? Las actuales investigaciones sugieren que no sólo en el cerebro existe memoria: cada célula de nuestro cuerpo tiene memoria. Por lo tanto, nuestra tendencia natural a producir bloqueos a partir de acontecimientos de la vida puede reducirse a una fórmula simple:

$$\textbf{Acontecimiento + Percepción +}$$
$$\textbf{Emoción intensa = Circuito bloqueado}[6]$$

Los acontecimientos en sí son neutrales. Sin embargo, cuando vivimos una experiencia, la filtramos a través de nuestras percepciones y luego la coloreamos con nuestros propios significados y emociones como parte de nuestra reacción innata. Por ejemplo: estás caminando por la calle y un perro te gruñe y va hacia ti. ¡Gulp!, percibes el peligro. Tu corazón empieza a palpitar más intensamente y sientes miedo; la posición exacta de tu cuerpo, los músculos que están en actividad, la dirección de tus ojos y especialmente las emociones que experimentaste y tu reacción (¿te paralizaste?, ¿corriste?) durante el acontecimiento se fundieron en el circuito de memoria celular. No importa si el perro se detuvo y te lamió la mano. Desde ese momento en adelante, cada vez que activas una porción cualquiera de ese circuito (la misma reacción muscular, miras en la misma dirección, vives una experien-

---

6   He acuñado mi fórmula con base en el trabajo de Tres Conceptos en Uno, la cual expresa su modelo como Evento + Percepción + Intensa Emoción = Fusión. La liberación del estrés es explicada como la "difusión" del trauma del pasado a partir de un evento actual, permitiendo el libre albedrío de la acción en el presente, lo cual a su vez determina el futuro.

cia similar o sientes las mismas emociones), vas a activar la secuencia completa de reacciones que formaron parte de tu respuesta de supervivencia en el primer instante que viste saltar al perro, incluso si has olvidado por completo el acontecimiento inicial. Dependiendo de la persona, la consecuencia principal será: **1.** Un bloqueo mental o una creencia limitante: "no me gustan los perros", o "los animales son sucios"; **2.** Un bloqueo emocional: "odio y me dan miedo los perros, los animales, caminar por la calle, los movimientos bruscos hacia mí", o **3.** Un bloqueo físico: "Dios, me duele la cabeza, la espalda y la pierna; creo que no voy a poder ir a caminar hoy". Algunas personas tendrán sólo un bloqueo, otras, los tres.

También existen bloqueos positivos: un acontecimiento feliz, infundido de emociones positivas que conducen a una perspectiva positiva y confiada de la vida. En ocasiones esto puede llevarnos a crear expectativas y cierto optimismo no del todo realistas. Así, los circuitos atorados pueden manifestarse como patrones emocionales positivos o negativos, que necesitan ser identificados y reeducados para permitirnos enfrentar las situaciones del presente clara y sensiblemente, sin dejar que nuestras experiencias pasadas influyan sobre nosotros en forma no realista.

Para quienes trabajamos con computadoras, una metáfora oportuna es la que compara la vida con un programa de dibujo en el que puedes hacer diferentes capas de dibujos que después ubicarás adecuadamente para formar un dibujo final. Si cambias los detalles de alguna de las capas (por ejemplo, el color del fondo), acabarás con un dibujo diferente. ¡Una microintervención puede resultar en una macrodiferencia!

Las relaciones fallidas del pasado pueden crear filtros perceptuales que nos impiden ver el presente con claridad.

Conoce algunos botones de energía simples

Todos los "botones o llaves de encendido" que te haremos conocer en este libro sirven para liberar los circuitos de energía bloqueados del sistema cerebro-cuerpo. Usar estos botones nos permitirá restablecer el flujo de energía normal y desestresado y la comunicación cerebral-corporal, a la vez que se estimulan otros sistemas importantes del cuerpo: el linfático, el neurovascular, el nervioso central, por mencionar algunos. El primer "botón de energía" del que hablaremos será simplemente el movimiento.

Movimiento: como más tarde veremos, el movimiento corporal estimula los mensajeros químicos del "bienestar" en nuestro sistema. Las endorfinas son el opiáceo natural fabricado por el cuerpo, y su producción es estimulada por el movimiento, como confirma el estado casi "extático" de los corredores. El movimiento lateral cruzado lento propicia la fabricación de dopamina en el lóbulo frontal del cerebro (afectando nuestra habilidad para percibir patrones y para aprender más rápido), en el área límbica (controlando nuestras emociones) y en el ganglio basal (movimiento intencional). Éste es uno de los neurotransmisores por el cual millones de niños a quienes se ha diagnosticado un desorden de la atención toman Ritalin para equilibrarse. Las implicaciones educativas son apabullantes. Podemos utilizar el movimiento corporal específico y el proceso natural para contribuir a aumentar la fabricación, equilibrio y transporte de sustancias informacionales (y el flujo de energía sutil equilibrada) en el cuerpo.

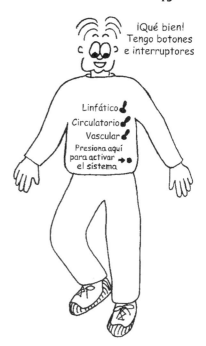

Aprende todo lo que puedas sobre los botones e interruptores de tu cuerpo con la Kinesiología especializada.

Botones de energía "de Toque para la salud": algunos de los métodos principales tomados de la síntesis de Toque para la salud incluyen los puntos reflejo neurolinfáticos, los puntos neurovasculares en la frente, el seguimiento de los meridianos de energía, y la descarga de reflejos de las células llamadas husos musculares. Todas estas técnicas acceden y trabajan con sistemas de energía sutil a nivel de la superficie, que a su vez acceden e impactan sobre otros sistemas interconectados, liberando bloqueos energéticos a niveles más profundos.

Puntos reflejo neurolinfáticos:[7] el sistema linfático es el sistema de reciclaje del cuerpo, diseñado para recoger las células muertas, los desperdicios celulares y el exceso de agua, y llevarlos al torrente sanguíneo. Los puntos reflejo neurolinfáticos (puntos de estimulación nerviosa que aumentan el flujo de la linfa) fueron descubiertos y mapeados en los años 1930 por un osteópata llamado Frank Chapman. Él relacionó estos puntos reflejo con perturbaciones en los sistemas glandulares y de los diferentes órganos. Más tarde, el doctor Geoge Goodheart, un quiropráctico, vinculó estos reflejos con músculos específicos, y descubrió que la estimulación de estos puntos reflejos también puede liberar bloqueos energéticos y estrés en los músculos, aumentando su fuerza. Una dieta adecuada y ejercicio también son muy importantes para mejorar la circulación linfática.

Los puntos reflejo neurolinfáticos están localizados principalmente en el pecho en los espacios intercostales próximos al esternón, y en la espalda a ambos lados de la columna vertebral, y se estimulan masajeando con un movimiento circular de los dedos. En este libro te presentaremos los principales. Cuando te pidamos que masajees uno, es muy probable que se trate de frotar un punto reflejo neurolinfático.

Puntos neurovasculares:[8] éstos fueron descubiertos por el doctor Terrance Bennett, también en los años treinta. Ubicados principalmente en la cabeza, cuando se los "sostiene" ligeramente con una pequeña tracción hacia arriba, estos botones neurológicos redirigen la sangre al órgano, glándula o músculo que se relaciona con ellos. Los puntos positivos en la página 94 son un buen ejemplo.

Meridianos de energía y puntos de acupresión:[9] como veremos con mayor detalle en la página 59, se ha descubierto y mapeado el flujo de la energía corporal por vías específicas que llamamos meridianos. A lo largo de los meridianos, existen puntos de acupuntura de carácter electromagnético que son como torres de un sistema de transmisión de señales hacia órga-

---

[7]   John Varun Maguire, *Become Pain Free with Touch for Health*, p. 9. Con gran generosidad, John me autorizó para presentar aquí sus claras explicaciones sobre los botones ("switches") energéticos. Este manual, además de su escrito "Rendimiento atlético máximo", son buenas opciones para quienes estén interesados en explorar los conceptos básicos del Toque para la salud.

[8]   *Ibid.*, p. 11.

[9]   *Ibid.*, p. 11.

nos, músculos y funciones específicas. Cuando hay un bloqueo, podemos presionar los puntos de acupresión o, como haremos más adelante en este libro con los puntos reflejo para corregir el modo de andar, frotar los que tenemos en los pies para estimular el flujo de energía en el cuerpo. La acupuntura estimula la liberación de endorfinas para crear analgesia (alivio del dolor), y un masaje de acupresión puede alcanzar los mismos resultados.

Técnica de reflejos de los husos musculares: el huso muscular:[10] es una célula especializada que detecta la posición y la tensión dentro de un músculo, y que monitorea la longitud del músculo y el ritmo en que cambia su longitud. Usaremos este mecanismo para experimentar con la eficiencia de nuestra comunicación cerebro-cuerpo. La técnica también sirve para relajar los músculos cuando se acalambran.

En resumen: trabajaremos de atrás hacia adelante, desde la identificación de las trabas fisiológicas –tanto las obvias como las sutiles– que subyacen a nuestros bloqueos al buen funcionamiento. Una vez identificados, utilizaremos botones o llaves de energía y procesos suaves para destrabar la emoción, la percepción y la reacción física del acontecimiento original.

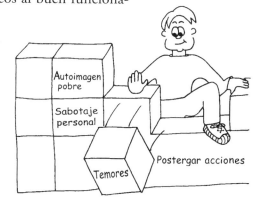

Sólo cuando aprendamos a identificar conscientemente nuestras reacciones de estrés y a reeducar nuestra respuesta neurológica al estímulo original, seremos libres de encontrar mejores soluciones y acciones.

Podemos liberar tus bloqueos con un procedimiento muy suave para que logres el éxito.

Aunque este libro crea divisiones artificiales entre módulos lógicos de enseñanza (como por ejemplo, equilibradores electromagnéticos, emocionales, motores y sensoriales), la realidad es que puedes mejorar tus ojos con equilibradores electromagnéticos; tus estados emocionales con cambios en la postura física, y en tu digestión con un masaje en tus orejas, etcétera. Cualquier botón puede ser el punto clave para liberar un bloqueo

---

10 A partir de una conversación con el doctor Wayne Topping.

energético, lo que restablecerá el flujo normal y el mejor funcionamiento del sistema total, incluso en áreas aparentemente desconectadas.

Qué resultados puedo esperar

¿Qué resultados deseas? Una de las primeras cosas que deberás hacer es definir dónde deseas mejorar. Te invitamos a tener grandes expectativas, pues si el proceso es fácil no significa que no sentirás cambios profundos en tu eficacia personal como resultado de la utilización de este libro.

En función de cuál sea tu punto de partida, buscarás relajación, un mayor nivel de energía, mejora de tu visión, tu oído, tu escritura y tu aprendizaje. Todo lo que necesitas aportar a este libro es tu disponibilidad para mezclar y combinar las actividades que te funcionan, y tu compromiso para ponerlas en práctica. Apunta a un nivel de integración mayor de tu cerebro-cuerpo, que puede aportar mayor fluidez y reflexión a todo lo que haces y aprendes, ya seas un estudiante, profesional, atleta, artista o aventurero de la vida.

Es notable la cantidad de individuos que usan estos métodos que se han aliviado de dolores crónicos. El cerebro-cuerpo está diseñado para interrumpir el abastecimiento de energía a las zonas dañadas como forma de protección, y envía mensajes de dolor para que no usemos esa zona que necesita tiempo para sanar. Algunas veces pasa que aunque se haya cumplido la curación, los circuitos cerebrales no retoman su flujo normal, entonces debemos reeducar el circuito de dolor "trabado".

En el deporte se dan habitualmente grandes avances, y lo mismo sucede en los ámbitos académicos y laborales. La nota final es que en ausencia de una patología importante puede darse rápidamente un cambio increíble cuando identificamos y reeducamos estos circuitos conductuales y funcionales que están "trabados".

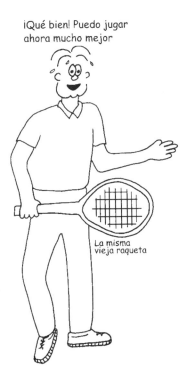

¡Qué bien! Puedo jugar ahora mucho mejor

La misma vieja raqueta

Cualquier cosa que hagas se vuelve más fácil cuando identificas y reeducas tus bloqueos.

Este libro te brindará herramientas simples para manejar el estrés en el momento, y para identificar los bloqueos de energía asociados que pueden obstaculizarte; sin embargo, no pretende ocuparse de todos los problemas de la vida humana en dos segundos. Los problemas mayores pueden requerir de asistencia profesional, ya sea de un kinesiólogo especializado, de un psicólogo o de un profesional de la medicina. No obstante, estas actividades pueden ser un maravilloso primer paso hacia el buen manejo de nosotros mismos, el autocontrol y finalmente la autoestima. Del mismo modo en que no esperas que el darte un baño te mantenga perfumado durante toda la vida, lo mejor para ti sería que encuentres un ritmo de práctica regular de las técnicas que vamos a ofrecerte en estas páginas.

Este libro está diseñado como un proceso en el que paso a paso tú podrás:

1. Aprender cómo trabaja tu cerebro-cuerpo, y cómo estimularlo para que trabaje en forma óptima.

2. Dominar una herramienta de percepción: tu propio mecanismo de bio-retroalimentación que te permitirá darte cuenta de cómo tu cerebro-cuerpo está apoyando, o saboteando, tus objetivos.

3. Identificar los principales factores estresantes en tu vida: aprender a reconocer los resultados fisiológicos y psicológicos de ese estrés.

4. Explorar y sentir cómo el cerebro, el cuerpo y los sentidos se interrelacionan y procesan la información, y cómo pueden hacerlo mejor.

5. Conocer los equilibradores del cerebro-cuerpo usados para realizar los cambios. Reeducarás tu cuerpo y tu sistema nervioso central con técnicas fáciles y movimientos corporales tomados de la Kinesiología especializada.

6. Combinar todo en un modelo que puedes aplicar fácilmente para identificar y manejar cualquier tema relacionado con el aprendizaje o desempeño en tu vida.

¡COMENCEMOS EL VIAJE!
No necesitamos cinturones de seguridad

NOTAS

Verificar el equipo

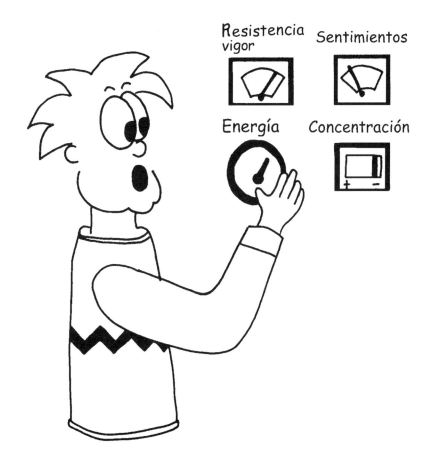

Resistencia vigor

Sentimientos

Energía

Concentración

…El estrés no es inherente a un acontecimiento sino
que depende de cómo lo percibes y, consecuentemente,
respondes a él… Por lo tanto, una clave para reducir
el estrés es modificar tu percepción. En lugar de una crisis,
puedes ver la misma situación como una oportunidad…

WAYNE TOPPING
Success Over Distress, p. 20

Dónde estoy ahora

Las actividades de introspección que aparecen enseguida te harán consciente de cómo vives tus problemas vitales, tus comportamientos, objetivos y tu respuesta corporal. Ello te proporcionará una base sobre la cual más adelante podrás calcular tus progresos. Obtendrás mayores beneficios de este libro si eres despiadadamente honesto, ya que al parecer el cerebro prefiere reeducar los funcionamientos relativos a aspectos y objetivos conscientemente reconocidos.

· ·

Cuando hagas las actividades de reflexión, date cuenta de cómo te sientes y cuán bien estás rindiendo. Después, practica los equilibradores cerebro-cuerpo, verifica una vez más y date cuenta de tus mejoras

· ·

Conforme identifiques más asuntos que trabajar, lograrás mayores cambios positivos.

Reflexión: mis características y comportamientos negativos

Marca la casilla junto a las descripciones en que más te reconozcas en el presente. Haz doble marca en los casos más evidentes.[1]

❐ Propenso a los accidentes

❐ Discutidor

❐ Torpe

❐ Sueñas despierto

❐ Estrés cuando se cumplen los plazos

❐ Te falta confianza

❐ Te falta creatividad

❐ Dejas los proyectos incompletos

❐ Dificultad para aprender

❐ Inviertes los números o las letras

---

[1] Esta evaluación conductual está adaptada con autorización de la presentada por *Basic One Brain*, de Gordon Stokes y Daniel Whiteside, Addendum.

❐ Dificultad para concentrarte

❐ Dificultad para seguir indicaciones

❐ Dificultad para dar indicaciones

❐ Dificultad para tomar decisiones

❐ Dificultad en la percepción del tiempo

❐ Desorganizado

❐ Molesto para otros

❐ No manejas bien el estrés

❐ No disfrutas del ejercicio

❐ Te distraes con facilidad

❐ Te inquietas fácilmente

❐ Peleas

❐ Dificultad para oír

❐ Impaciente

❐ Impulsivo

❐ Hiperactivo

❐ Las caminatas largas te incomodan

❐ Mala coordinación manos/ojos

❐ Dificultades para la escritura

❐ Dificultades para la lectura de comprensión

❐ Desempeño pobre en los deportes

❐ Dificultades para el manejo del tiempo

❐ Postergación

❐ Dificultad para leer

❐ Frotas mucho tus ojos

❐ Lento para terminar los trabajos

❐ Dolores de cabeza por estrés

❐ Te detienes en medio del juego

❐ Hablas demasiado

❐ Impredecible

❐ Problemas de visión

Dónde quiero estar

A ntes de comenzar, por favor aumenta los efectos benéficos de este libro tomándote algunos minutos para identificar los resultados deseados.

Como ya dijimos, el cerebro-cuerpo tiende a mejorar los funcionamientos relativos a una intención definida. Por ello es importante establecer claramente dónde deseas mejorar tu desempeño y tu funcionamiento.

Reflexión: ¿qué deseo mejorar con este libro y por qué?

Haz una lista de las áreas en las que deseas desempeñarte mejor y/o tus objetivos específicos.

_____

_____

_____

Escribe tres motivos por los que quieres alcanzar o superar los objetivos que anotaste arriba.

Identifica tus aspiraciones. Plantéate metas claras, ya sean materiales o abstractas.

1. _____

2. _____

3. _____

Identifica qué te lo está impidiendo (busca inspiración en el ejercicio de las páginas 23-24).

_____

_____

¿Qué podrías perder si no alcanzas tus objetivos?

_____

_____

_____

¿Qué cosas cambiarían –buenas o malas– si los alcanzas?

_____

_____

Escríbelas, para que se vuelvan reales para ti.

Cómo medir mi progreso

Observación: mi herramienta de bio-retroalimentación

¿Cómo puedes identificar las actividades que más te benefician? En lugar de utilizar un costoso equipo de bio-retroalimentación de alta tecnología, preferimos utilizar dos técnicas efectivas, que no cuestan, extensamente utilizadas en la Kinesiología especializada. La primera es la verificación de la respuesta muscular, un medio increíble para obtener bio-retroalimentación del cerebro y del sistema nervioso central, que funciona probando la integridad de la fuerza muscular y del equilibrio. La segunda es la observación: desarrollar una atención penetrante, detallada y objetiva sobre nuestro presente estado del ser, que incluye nuestra postura, tensión muscular, patrones respiratorios y actividad sensorial. Una verificación muscular efectiva requiere de cierto entrenamiento, pero puedes aprender a observar en diez minutos o menos ¡comenzando ahora! Te presentamos la observación como parte de un "sándwich de información".

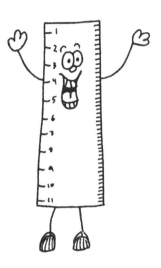

¿Cómo sabrás si estas técnicas están funcionando? Obsérvate: ¿te sientes mejor? ¿Te sientes más eficaz? ¿Te salen las cosas más fácilmente?

- -
La observación es un medio efectivo de bio-realimentación que permite darte cuenta de tu progreso hacia tus metas. Es vital para el anclaje de nuevos aprendizajes en Gimnasia para el cerebro®
- -

El sándwich de información

La rebanada superior del sándwich: la verificación inicial; primero debemos analizar cómo estamos funcionando en relación con cualquier objetivo o situación, darnos cuenta de con cuánta efectividad estamos desempeñándonos en el momento presente, y de cualquier reacción de estrés en nuestro cuerpo. No se trata de ver si es correcto o incorrecto, sino de un reconocimiento objetivo de nuestros patrones de reacción y bloqueos funcionales.

Relleno: luego hacemos una actividad de integración (equilibradores cerebro-cuerpo) para liberar los bloqueos creados por el estrés en nuestro cerebro-cuerpo.

Rebanada inferior: la verificación posterior. Repetimos el proceso de la toma de conciencia y reconocemos los progresos en nuestro funcionamiento, tras lo cual retomamos la prosecución de nuestros objetivos o seguimos tratando nuestro problema.

Si mejoramos lo suficiente, nuestro trabajo está completo. Si todavía no

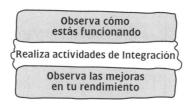

estamos satisfechos, simplemente repetimos las actividades de equilibrio o agregamos nuevas, hasta conseguir el nivel de mejoría deseada. Podemos seguir evaluando nuestros patrones de reacción y nuestro desempeño, repitiendo el sándwich tantas veces como sea necesario.

La mente sobre la materia

Nuestras percepciones mentales pueden determinar nuestras capacidades físicas. Existen pruebas científicas que sustentan la idea de que aquello que imaginamos es tan real para nuestro cerebro como aquello que hemos vivido en la realidad. Las tomografías por emisión de positrones que miden el flujo sanguíneo, las imágenes por resonancia magnética, los escaneos por tomografía computarizada axial que miden la composición química, y los electroencefalogramas que miden la transmisión eléctrica, todos muestran una actividad cerebral virtualmente idéntica para la actividad real y para la imaginaria.

¿Qué significado tiene esto para ti? En lo que concierne al cerebro, cuando visualizas detalladamente el resultado de una acción (buena o mala), estás creando las asociaciones neuronales que serían estimuladas en el caso de la

experiencia en la vida real, y desencadenando los mismos circuitos cerebro-cuerpo. Esto explica por qué las actividades de observación en las siguientes páginas, basadas en imaginarnos una situación estresante, nos dan un conocimiento auténtico y poderoso de nuestras reacciones en la vida real. Sintamos en carne propia cómo una modificación en nuestra percepción impacta sobre nuestras habilidades externas, y cómo esto sucede en forma instantánea.

Ensayos mentales: en lo que se refiere al cerebro, cuando visualizas en detalle un evento exitoso, estás estableciendo las conexiones vivenciales que darán a tu cerebro la confianza de que "ya ha estado ahí, ha hecho eso antes, tuvo éxitos al máximo".

Reflexión: yendo más allá de nuestras limitaciones

De pie, cómodamente, mirando hacia el frente, levanta tu brazo derecho hacia adelante, en ángulo recto con tu cuerpo. Ahora, con suavidad, gira tu brazo, cabeza y torso hacia tu derecha tanto como puedas sin hacer un esfuerzo excesivo. Observa hasta dónde puedes rotar, y registra un punto o un objeto que indique hasta donde señaló tu mano.

Vuelve a la posición inicial con tus brazos a los costados, cierra tus ojos y deja que todo tu cuerpo se relaje. Imagina que eres un acróbata en un circo, capaz de dar vueltas con facilidad, como si fueras tan flexible como una goma. Concibe esto también como metáfora de tu flexibilidad mental, capaz de ir más allá de tus antiguas creencias sobre tus límites en todos los aspectos de la vida. Respira profundamente.

Levanta de nuevo tu brazo, y otra vez gira con suavidad a la derecha. Registra hasta dónde puedes voltear y qué punto señala tu brazo. ¿Aumentó el alcance de tu movimiento con respecto a la primera rotación? ¡Sí! ¡Ése es el poder del ensayo mental! Repite el proceso, ahora rotando hacia la izquierda para equilibrar tu flexibilidad recién descubierta.

Ya que has sentido el poder de la mente sobre la materia, podemos empezar a experimentar con la observación como herramienta para la autoevaluación.

Conoce la base del funcionamiento actual de tu cerebro-cuerpo

Dedica un minuto a realizar las siguientes actividades de reflexión y registra lo que adviertes. En el capítulo 3 exploraremos el significado de tus hallazgos en relación con tus respuestas ante el estrés.

Reflexión: cómo actúa y reacciona mi cuerpo cuando me siento cómodo y relajado

De pie, cómodamente, imagínate en una situación relajada (estás en una playa, bajo una palmera, por ejemplo). Ahora, observa objetivamente lo que está haciendo tu cuerpo; recuerda que no existe lo correcto o incorrecto, sólo lo que es. Esto te proporciona una base serena sobre la que más tarde podrás medir las reacciones de tu cuerpo frente al estrés.

Observa cuál es tu postura en relación con el suelo (derecho, oscilando hacia adelante, hacia atrás o hacia un costado).

Advierte cualquier tensión, dolor o debilidad en tu cuerpo. ¿Dónde? (piernas, espalda, hombros, cuello, estómago, pecho, garganta, mandíbula).

"Estoy descansando en la playa bajo la sombra de una deliciosa palmera..."

Repara en tu estado emocional. ¿Cómo te sientes? ¿Excitado, feliz, triste, tenso, motivado, apagado..?

Observa tu estado mental. ¿Puedes pensar con claridad o te sientes confundido?

Mira algún objeto frente a ti. ¿Lo ves clara o borrosamente? Escucha un sonido en la habitación. ¿Es seco o resonante? ¿Escuchas igual por ambos oídos?

Levanta tus brazos 30° frente a ti. ¿Resulta fácil o te cuesta? Sostén allí tus brazos durante 30 segundos. ¿Te es fácil o no?

Anota todo lo que sientes son los aspectos más interesantes de tu respuesta corporal cuando te visualizas en un estado de relajación.

· ·
¿Qué observas a nivel corporal cuando imaginas un escenario relajado?
Si alguien te empujara suavemente hacia adelante, luego hacia atrás,
¿cómo te sentirías?, ¿firme y arraigado o sin equilibrio? ¡Experiméntalo!
· ·

Reflexión: cómo actúa y reacciona mi cuerpo cuando está sometido al estrés

Ahora, piensa en algo difícil o estresante. Repite el proceso de la toma de conciencia, y compáralo con tus registros en estado de relajación.

De pie, cómodamente, piensa en algo estresante. Objetivamente observa lo que está haciendo tu cuerpo.

Observa cuál es tu postura en relación al suelo (derecho, oscilando hacia adelante, hacia atrás o hacia un costado).

Advierte cualquier tensión, dolor o debilidad en tu cuerpo. ¿Dónde? (piernas, espalda, hombros, cuello, estómago, pecho, garganta, mandíbula).

Repara en tu estado emocional. ¿Cómo te sientes? ¿Excitado, feliz, triste, tenso, motivado, apagado...?

Observa tu estado mental. ¿Puedes pensar con claridad o te sientes confundido?

Mira algún objeto que tengas en frente. ¿Lo ves clara o borrosamente?

Escucha un sonido en la habitación. ¿Es seco o resonante? ¿Escuchas igual por ambos oídos?

Levanta tus brazos 30° frente a ti. ¿Resulta fácil o te cuesta trabajo?

Sostén allí tus brazos durante 30 segundos ¿Te es fácil o no?

Observa cuáles son las diferencias en tus reacciones corporales frente a la situación estresante contra la relajada. Escribe las más notables.

· · · · · · · · · · · · · · · · · ·
¿Puedes permanecer firme cuando piensas en algo estresante? Si alguien te empujara gentilmente hacia delante, luego hacia atrás, luego hacia la izquierda y finalmente, a la derecha, ¿te sientes fuerte o desequilibrado? ¡Pruébalo!
· · · · · · · · · · · · · · · · · ·

Mi perfil personal de organización cerebral óptima

A hora vamos a examinar más de cerca cómo funcionamos individualmente. Cada uno de nosotros tiene una mano conductora: somos diestros o zurdos. ¿Te diste cuenta de que también tienes un pie, un ojo, oído y hemisferio cerebral preferentes? Cuando nos encontramos en una situación de estrés, regresamos a un modo de configuración básico muy individual, o lo que la Gimnasia para el cerebro®, creada por el doctor Paul Dennison y Gail Dennison, ha llamado nuestro perfil personal de organización cerebral. La exploración de este perfil nos hará acceder a un conocimiento profundo de nuestros circuitos trabados, y de cómo reacciona nuestro cerebro y nuestros sentidos ante el estrés.

Nuestra dominancia puede modificarse, dependiendo de la tarea que estemos realizando y de nuestro estado mental/emocional.

Pues yo manejo las tijeras y el martillo. ¡Yo soy la dominante!

Sí, pero yo firmo los cheques y doy de comer a tu cuerpo. ¡Yo soy la dominante!

Resulta muy revelador intentar hacer un mapa de nuestro perfil personal de organización cerebral. Éste explica en cierta medida por qué hemos vivido y sentido nuestra existencia en un modo determinado —sus puntos fuertes y débiles— hasta el día de hoy. Una vez que reconozcas tus patrones y comiences a hacer las actividades integradoras de este libro, ese patrón se volverá historia, alcanzando tu organización cerebral óptima. Para divertirte y reconocer tus patrones establecidos, haz la prueba rápida de dominancia en la próxima página. Si te interesa obtener un perfil personal de organización cerebral de dominancia más exacto y detallado, recurre a un facilitador calificado de Gimnasia para el cerebro® (Brain Gym®), o toma un curso sobre organización cerebral óptima ofrecido por instructores avalados en oco (Organización Cerebral Óptima[2]) por Brain Gym® International. Los equilibradores que presentamos en este libro pueden ayudarte a integrar el cerebro y el resto del cuerpo para mejorar el funcionamiento de tu hemisferio y tus sentidos no dominantes.

La doctora Carla Hannaford, en su libro *Cómo aprende tu cerebro*, investiga 32 diferentes patrones de dominancia posibles y sus ramificaciones, basándose en el trabajo del doctor Paul Dennison, creador de la Gimnasia para el cerebro®. Para nuestros propósitos es suficiente con decir que un perfil mixto (cualquier combinación de una mano, oído y ojo dominantes que llevan su información a hemisferios cerebrales diferentes) puede derivar en dificultades para aprender si no hay una buena comunicación entre los dos hemisferios. La información no se comparte con facilidad, ni tiene la misma orientación hemisférica, como ya comprenderás a medida que avance este libro. Por ejemplo, si un ojo lógico dominante obtiene su "audio" de un oído dominante de características más intuitivas, sería como ver una película en un idioma desconocido sin subtítulos, lo que puede conducir a problemas de aprendizaje. Otras combinaciones también tienen sus pros y sus contras.

El propósito de este ejercicio es el de animarte para que hagas las actividades de integración que te permitirán acceder a la sabiduría integrada de tu cerebro entero y todos tus sentidos, mientras que en el pasado estabas predeterminado para percibir y expresarte de una manera preestablecida y tal vez limitada.

Reflexión: una exploración rápida de la dominancia cerebral

No te preocupes si no estás familiarizado con algunos términos; más adelante te serán explicados con detalle. Y recuerda: ¡no te operes el cerebro con base en estos descubrimientos!

---

2   Los cursos de la organización sobre la optimización cerebral estudian el patrón que una persona utiliza para coordinar las rutas neurológicas entre las áreas de su cerebro con los ojos, oído, mano y el resto del cuerpo cuando aprende.

Colorea en el dibujo tus sentidos y extremidades dominantes.[3]

1. Mano:

> **a.** ¿Con cuál mano lanzas la pelota? (motricidad gruesa)
>   ❐ Derecha ❐ Izquierda (colorea el dibujo y escribe "gruesa")

> **b.** ¿Con cuál mano escribes? (motricidad fina)
>   ❐ Derecha ❐ Izquierda (colorea el dibujo y escribe "fina")

2. Pie: Ponte ante una pelota y (sin pensar) levanta tu pie para patear. ¿Qué pie usaste? ❐ Derecho ❐ Izquierdo (colorea el dibujo)

3. Ojo: Estira tus brazos frente a ti y forma con tus manos un pequeño triángulo para mirar a través de él un objeto. Mira por turnos con un solo ojo, y fíjate cuál es el ojo que mantiene la imagen en el mismo lugar cuando el otro está cerrado. Cuando miras con el ojo preferente, la imagen no se mueve al cerrar el otro ojo; cuando miras con el no-preferente, la imagen se mueve.

❐ Derecho ❐ Izquierdo (colorea el dibujo)

---

3   La "ranita" cerebral (*the brain bug*) es un esquema del doctor Paul E. Dennison presentado en *Integración Cerebral Total Personalizada*, 1985.

4. **Oído**: Sostén un pedazo de papel frente a ti con ambas manos. Supón que es una pared (o ponte frente a una pared real) e imagina que algo fascinante está sucediendo del otro lado. Apoya la oreja en la pared para escuchar. ¿Cuál oído empleaste? Ése es tu oído preferente.

❏ Derecho ❏ Izquierdo (colorea el dibujo)

5. La mejor forma de determinar tu **hemisferio cerebral preferente** con el método de la toma de conciencia es, primero, ponerte de pie cómodamente; sin pensar, deja que el peso de tu cuerpo se apoye sobre una pierna. Tu hemisferio dominante probablemente es el opuesto a la pierna que aguanta tu peso. Pero, ojo: ¡no elijas tu futura carrera sólo con base en esto!

❏ Derecho ❏ Izquierdo (colorea el dibujo)

6. Realmente es muy difícil determinar con seguridad a través de la toma de conciencia cuál de tus hemisferios es el de los **detalles** (lógico), y cuál es el de la **visión de conjunto** (gestalt). Una manera aproximada sería el preguntarte: "cuando tengo tres horas de tiempo libre para hacer lo que más me gusta, ¿prefiero leer un libro, resolver un crucigrama, investigar mi árbol genealógico (más lógico), o practico un deporte, pinto, toco un instrumento (gestalt)?" Pregúntate también: "¿Me gusta analizar, escribir y conversar sobre los problemas (cerebro lógico), o en lugar de expresarlo, veo la situación total, siento la emoción, y necesito actuar (cerebro de la visión de conjunto). Esa función entonces se encuentra en el hemisferio opuesto a la pierna que aguantaba tu peso, como vimos en el apartado 5. Creo que mi hemisferio preferente es ❏ Lógico ❏ Gestalt

Mi peso se desplazó hacia la pierna derecha. Supongo que ello significa que debo ser contador.

La forma como caminas y tu postura dice mucho acerca de tu hemisferio preferente.

Escribe lo que encuentres más interesante sobre tu Perfil Personal de Organización Cerebral:

_____

_____

_____

_____

_____

_____

_____

Ahora tienes una imagen más clara. Has identificado algunas áreas en las que deseas un mejor funcionamiento. Has registrado cómo reacciona tu cuerpo ante el estrés, y eres consciente de cómo cambian tus patrones cerebrales. Has activado algunos circuitos bloqueados. Antes de ir más lejos, vamos a practicar lo que decimos, comenzando por reequilibrar las respuestas de tu cerebro-cuerpo hacia un mejor nivel de funcionamiento.

Enciende tu motor en seis pasos "ultra veloces"

Previamente, en esta sección, has notado lo que sucedía cuando pensabas en una situación difícil o estresante; cómo en un instante tu "estado del ser" cambiaba. Ahora tendrás a la mano un proceso de reeducación sencillo, rápido y efectivo con los Seis ultra veloces. Simplemente queremos que sientas cuán rápidamente puedes generar un cambio para mejorar.

Los Seis ultra veloces crean un estado energético de calma y equilibrio, que constituye un primer paso esencial para un cambio sin resistencias, y un desempeño y aprendizaje óptimos. Piensa en los Seis ultra veloces como en una reparación de emergencia cuando te veas cayendo en patrones inútiles de energía o de comportamiento. Estas actividades serán mejor explicadas en secciones posteriores.

Los Seis ultra veloces

1. Bebe agua (p. 61)

¡Saca esa botella de agua! Una correcta hidratación es esencial para una buena salud. En relación con las comunicaciones cerebro-cuerpo, el agua brinda el medio necesario para el óptimo intercambio de mensajes en todo el cerebro-cuerpo. La energía aumenta, mejora la concentración y las habilidades académicas.

Si no existe una limitación por causas médicas, la cantidad de agua que necesitas diariamente es de un vaso de 250 ml por cada 10 kilos de peso. Además:

- 1 vaso por cada taza de café o bebida con cafeína.
- 2 vasos por cada vaso de bebida alcohólica.

Bebe agua

2. "Botones" para equilibrar tu energía (p. 62)

Éste es un método rápido para equilibrar las perturbaciones electromagnéticas del sistema de señalización eléctrica del cuerpo. Coloca la punta de los dedos de una mano alrededor del ombligo. Al mismo tiempo:

- Masajea bajo las clavículas, a los costados del esternón.
- Masajea arriba y debajo de los labios.

"Botones" para equilibrar tu energía

3. Marcha cruzada (p. 116)

Esta técnica de Marcha cruzada hace que el cerebro se desplace entre el modo de procesamiento integrado y el de procesamiento con un solo hemisferio. Aplícala cuando te resulte difícil "hacer" y "pensar" a la vez.

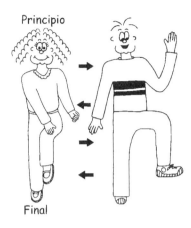

Principio

Final

Marcha cruzada

Ganchos de Cook

Puntos positivos®

• Realiza una serie de Marcha cruzada, moviendo muy lentamente brazo y pierna opuestos hasta que se toquen.
• Ahora, cambia a la Marcha de un solo lado (la mano y la pierna del mismo lado se mueven juntas, como una marioneta tirada por un hilo) también muy lentamente.
• Alterna series de 6 o 7 veces.
• Termina siempre con la Marcha cruzada.

4. Ganchos de Cook (p. 63)

Posición 1: Apoya tu tobillo izquierdo sobre la rodilla derecha. Toma el tobillo izquierdo con la mano derecha. Coloca tu mano izquierda en la planta del pie izquierdo. Descansa la lengua en el paladar y respira profundamente. Cuando te sientas relajado, pasa a la posición 2.

Posición 2: Mantén la lengua en el paladar. Descruza las piernas. Une la punta de tus dedos y respira profundamente. Sostén la posición durante uno o dos minutos hasta que te sientas sereno.

5. Puntos positivos® (p. 94)

Cuando te sientas bajo presión, herido o alterado, serena tu estado emocional presionando tus "puntos positivos". Apoya la punta de los dedos en la frente, sobre las cejas. Mantenlos allí mientras meditas o hablas sobre el problema. Al sostener tus puntos positivos mantienes la sangre y el calor en tu frente para una mejor integración.
• Sostén ligeramente tu frente con la punta de los dedos y jala un poco hacia arriba.

• Ahora piensa en tu diálogo mental o en tu factor estresante. ¿No es sencillo?

6. Sensibilízate

Al estimular estos puntos, sintonizarás finamente tu energía para ver y escuchar mejor.

Ojos: enciende tus ojos frotando los "Puntos oculares". Justo arriba de la protuberancia del hueso occipital en la parte de atrás de tu cabeza, frota las cavidades en ambos lados para estimular tu corteza visual (p. 136).

Puntos oculares

Oídos: dale a tus orejas un masaje suave, "desenrollando" los bordes. Fíjate cómo al hacer esto los sonidos parecen más nítidos, claros, y tu atención más aguda. Estás masajeando muchos puntos de acupresión, ¡estimulando todo el cuerpo para una recuperación rápida! (p. 142).

Masajea tus orejas

Antes de abandonar esta sección, vuelve a la página 29 y repite los procesos de la toma de conciencia pensando en una situación estresante: ¿Ha mejorado tu respuesta personal? ¿Te encuentras un poco más cerca del autocontrol? Felicitaciones, ¡y esto es sólo el comienzo! Es fundamental tomar conciencia de nuestros progresos para que el cerebro registre verdaderamente que se ha elevado el nivel básico de integración y funcionamiento.

NOTAS

Identificar
los obstáculos

Estrés equivale a atención disminuida. Los humanos cometemos el error de creer que tenemos el control consciente sólo porque todavía estamos conscientes. Cuando actuamos bajo estrés, caemos en duplicaciones reflejas de reacciones aprendidas basadas en emociones negativas. Bajo el estrés, nuestras limitaciones aumentan drásticamente… La peor forma de enfrentar a los factores estresantes es negar que existen.

GORDON STOKES y DANIEL WHITESIDE,
Tools of the Trade, p. 58.

Examinemos más de cerca el estrés

En nuestra introducción, has podido comprender cómo el estrés afecta el estado de tu cerebro-cuerpo. También te diste cuenta, a través de los Seis ultra veloces, de cuán fácil puede ser el manejo de nosotros mismos. Los próximos pasos en el camino para eliminar tus bloqueos consistirán en acceder a: **1.** Una comprensión más profunda de lo que es el estrés; **2.** Una perspectiva interior de su efecto fisiológico; **3.** La oportunidad de identificar con mayor precisión los obstáculos específicos (factores de estrés externos e internos) que te están sujetando, y, **4.** Varias opciones de empezar a ocuparte de ellos inmediatamente.

Si no tienes algo de estrés, o estás muerto o flotando en un tanque de privación sensorial.

¿Qué es el estrés?

Lo único cierto en nuestro mundo es el cambio constante, y *cualquier* situación –buena o mala– que obliga a nuestro cuerpo a gastar su preciosa energía para adaptarse es el estrés. Teóricamente, lo que provoca una impresión en nosotros, y nos lleva a procesar nueva información –desde la caricia de un niño hasta un accidente automovilístico– es un estresor. Casarse, o ganar la lotería, puede ser tan estresante (aunque más placentero) como divorciarse o quedarse sin trabajo. Recuerda que el filtro emocional mediante el cual percibimos un hecho es el que califica al hecho como bueno, malo o indiferente, y determina la intensidad de su impacto.

Entonces, el estrés por sí mismo no es el enemigo. En realidad, la **estimulación sensorial** es beneficiosa, ya que conduce al aprendizaje y a la creación de mejores conexiones neuronales (nervio-músculo) en el cerebro y en el cuerpo. El buen estrés fue llamado Eustrés por Hans Selye, el padre de la teoría moderna sobre el estrés.

El "malo de la película" es la angustia, la **respuesta insoluble ante el estrés,** que conduce a cortocircuitos en la comunicación eléctrica normal del cuerpo. La angustia es provocada por mecanismos inadecuados de supervivencia en respuesta a los obstáculos (estresores) que se presentan en la vida cotidiana.

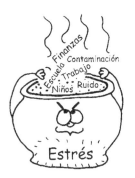

Todo el estrés va al mismo caldero, por lo que debes liberarte por igual de los pequeños como de los grandes factores de estrés.

Una mirada más atenta a la olla del estrés

El estrés no es únicamente emocional (compromiso o divorcio, miedos, traumas del pasado, nuevo empleo, otros cambios en la vida, negativos o positivos). También es estructural (un accidente, o caer víctima de la idea de que "si duele es mejor" y lastimarse haciendo ejercicio), **bioquímico** (café, donas, pesticidas), **ambiental o de contexto** (microondas, luz fluorescente, toxinas), y **conductual** (reposo insuficiente, procrastinación, perfeccionismo, etcétera).

Estar "un poco" estresado es como estar "un poco" embarazada

No existe tal cosa. Todos los estresores se juntan en la misma olla para atacar los recursos de tu cuerpo. En otras palabras, el estrés se acumula. Por ello es útil identificar y neutralizar los pequeños problemas tanto como los grandes. Recuerda, casi siempre es una "pequeña" cosa la gota que colma el vaso y nos hace caer en el mal funcionamiento o en sus síntomas.

Te invitamos a examinar más de cerca tu olla de estrés en la página 46. Si identificas y neutralizas áreas de estrés en tu vida sin relación aparente entre sí, te garantizamos que mejorará tu funcionamiento general. Sin embargo, si toda esta conversación sobre el estrés te estresa, ¡tómate un descanso y comienza a liberarlo ahora mismo haciendo las actividades de los Seis ultra veloces!

¿Cuál será la última pajita que derrumbe al caballo?

Una patada en el trasero puede causar un dolor de cabeza

Los seres humanos no somos máquinas; somos seres mentales, emocionales, espirituales, además de bioquímicos y físicos. Un golpe dado en cualquiera de estos niveles tendrá un impacto sobre el equilibrio del todo. Cuando se nos presenta un síntoma (desequilibrio), no necesariamente hay que buscar su causa en un estresor evidente (causa y efecto). Por ejemplo, puede que nos duela la espalda (un síntoma estructural) y no porque hemos levantado una caja pesada de manera incorrecta (un estresor estructural), sino por-

¡Auch! ¡Me dolió la cabeza!

que hemos peleado con nuestra pareja (estrés emocional), y la espalda es nuestro eslabón más débil. Una persona puede estar comiendo alimentos bioquímicamente estresantes y no entender por qué siempre se siente deprimido. Otra, puede haber sufrido un accidente automovilístico y sentirse afortunado por haber escapado a grandes traumas físicos, pero empezar a tener accesos de alergia (síntoma bioquímico)...

Toda la atención profesional del mundo no nos liberará para siempre de nuestros diversos síntomas físicos, mentales y emocionales, a menos que también identifiquemos y aliviemos los principales estresores causales, que a menudo parecen no estar relacionados. Entonces, examina sin piedad tu eslabón más "débil", es decir, tu síntoma físico o conductual recurrente. Cualquiera sea –alergia, depresión, dolor de espalda, estómago débil, etcétera– debes saber que es una combinación de todos los estresores de la vida la que provoca ese síntoma.

El bienestar continuo

Piensa en tu bienestar como en una escala. En 0% estás muerto, y en 100% estallas de vitalidad y tienes una gran capacidad de adaptación para manejar el estrés. Todos nos ubicamos en algún punto de la escala; el desgaste emocional, físico y mental comienza a manifestarse cuando caemos abajo de 50%. Puede que nos despertemos en la mañana de muy buen ánimo, pero tal vez nos encontramos a una noche de insomnio, dos tazas de café y un

Reflexión: ¿qué hay en tu olla de estrés?*

Marca los casilleros que describen los principales estresores en tu vida. ¿Cuáles puedes eliminar, reducir, o reeducar?

EMOCIONALES

- ❏ Trauma emocional pasado
- ❏ Preocupaciones y ansiedades presentes y futuras
- ❏ Miedos y fobias
- ❏ Falta de conciencia espiritual/fe religiosa
- ❏ Terror al fracaso y/o al éxito
- ❏ Programación del pasado

QUÍMICOS

- ❏ Ingesta de agua insuficiente
- ❏ Dieta pobre
- ❏ Deficiencias nutricionales
- ❏ Alergias alimentarias o ambientales
- ❏ Intoxicación por metales pesados
- ❏ Aire y agua contaminados
- ❏ Pesticidas en productos agrícolas
- ❏ Defectos genéticos bioquímicos

Estrés

FÍSICOS

- ❏ Estrés musculoesquelético
- ❏ Trauma físico
- ❏ Ejercicio inadecuado
- ❏ Ejercicio excesivo
- ❏ Mala postura
- ❏ Inadaptación al lugar de trabajo
- ❏ Respiración superficial

CONDUCTUALES

- ❏ Sueño y reposo inadecuados
- ❏ Uso y abuso de drogas legales e ilegales
- ❏ Contexto familiar disfuncional
- ❏ Perfeccionismo
- ❏ Falta de decisión
- ❏ Adicción al trabajo
- ❏ Falta de habilidades organizacionales y de manejo del tiempo

AMBIENTALES

- ❏ Sensibilidad a la luz fluorescente
- ❏ Sensibilidad (alergia) a colores específicos
- ❏ Sensibilidad al ruido
- ❏ Radiación y polución electromagnética (los efectos de este tipo son sutiles, muchas veces inadvertidos y acumulativos)

---

* Tomado de *The Top Ten Stress Releasers*, p. 9.

sobresalto inesperado de caer en un síntoma de desequilibrio mental, físico o emocional.

Algunos teóricos creen que envejecer consiste precisamente en ello: el descender por debajo de 50% agota nuestras reservas básicas de energía adaptativa no restituibles, hasta que estamos exhaustos y morimos. Por lo tanto se cree que, dado un igual patrimonio genético, podemos controlar el desgaste físico, mental y emocional, así como el envejecimiento, adquiriendo habilidades de adaptación para conservar nuestro "escudo" contra el estrés y fortalecer nuestros recursos. Y se logra de forma tan sencilla como las actividades que se proponen en este libro.

El modelo educativo holístico se centra esencialmente en lograr el equilibrio de una óptima energía vital y en ubicar al individuo en una marca superior a 50% en la línea de

Un pequeño factor estresante puede afectar la balanza, llevándote del equilibrio a desarrollar síntomas mentales, físicos o emocionales.

bienestar. En el pasado, el modelo occidental de tratamiento médico sólo se ocupaba de los síntomas cuando la gente estaba por debajo de ese 50%. Quienes trabajamos en el área complementaria de las ciencias de la salud recibimos con agrado el cambio en la perspectiva tanto del público como de los profesionales médicos; ambos reconocen la urgencia de crear una responsabilidad personal en cada uno y la reeducación del estilo de vida en pos del bienestar general. Este libro propone esa reeducación personal.

Qué sucede cuando estás estresado

La actividad de observación de la página 26 te permitió obtener información sobre las reacciones de tu cuerpo frente al estrés. Con el fin de entender la clásica respuesta ante el estrés, debemos tomar en cuenta su relación con la salud y el bienestar. Pueden aparecer graves problemas de salud,

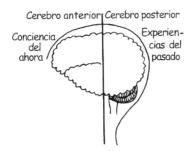

Cerebro anterior | Cerebro posterior

Conciencia del ahora / Experiencias del pasado

Las nuevas ideas y opciones (actividad del cerebro anterior) son imposibles cuando estamos atrapados en el cerebro posterior, reactivo ante los patrones de supervivencia.

de aprendizaje y emocionales si no se maneja apropiadamente el estrés. Recuerda, la respuesta innata de pelea o huida sirve muy bien para la supervivencia en el momento como, por ejemplo, cuando somos atacados físicamente. Ése es su propósito. Estamos construidos para reaccionar ante una amenaza a nuestra supervivencia (fase: estadio de alarma), y para resolver ese estrés restableciendo el equilibrio en nuestro sistema (fase: estadio de respuesta). Para información adicional ve el prólogo en la página xi.

Si podemos responder *activamente* ante una situación estresante, neutralizarla y recuperarnos, casi no existe un efecto negativo a largo plazo. Sin embargo, muchas veces no actuamos por falta de conciencia o por habilidades deficientes para sobrellevar una situación difícil, o que se nos ha pedido considerar, aunque no debamos tomar acción inmediata. La tensión permanece en nuestra olla de estrés, consumiendo nuestros valiosos recursos de energía adaptativa, conduciéndonos a lo que llamamos el estado de sobrecarga, donde aparecen los síntomas.

Entonces, comparemos e interpretemos lo que hemos descubierto en las páginas 26-27 con los síntomas clásicos de la respuesta frente al estrés. Recuerda que no se trata de lo correcto o incorrecto, sino únicamente lo que registraste. Nuestro cuerpo ofrece constantemente una imagen externa de nuestro proceso interior.

¡Oh, Dios mío! ¡Un tigre dientes de sable!

Como señalamos antes, la clásica respuesta al estrés fue programada en nuestra especie en función de nuestra supervivencia. Piensa en nuestro antepasado saliendo de su cueva para enfrentar a un tigre dientes de sable. Junto con el primer sobresalto se presenta:

La fase de alarma: de inmediato la sangre fluye desde los lóbulos frontales hacia los centros de supervivencia de "pelea o huida" en la parte posterior del cerebro. Esto es oportuno, porque el hombre de las cavernas tenía que reaccionar instantáneamente y pelear o huir para sobrevivir; no tenía tiempo de considerar las opciones intelectuales que le propone el cerebro frontal activo. La sangre también huye de los centros digestivos y va hacia los grandes músculos para darle mayor potencia. Buena idea, dado que ¿cuál es la importancia de la digestión si podría estar muerto en pocos minutos? Existen historias, incluso en la actualidad, de mujeres pequeñas que levantan coches para rescatar a un niño herido: una hazaña imposible sin la descarga de adrenalina que acompaña al estrés.

Antes de regresar a las aventuras del cavernícola, examinemos por un momento la respuesta clásica al estrés para interpretar tu propia experiencia. Regresa al ejercicio de Reflexión en la página 30. Aquí damos más detalles de la reacción fisiológica del cuerpo frente al estrés durante la fase inicial de alarma.

Estados de la respuesta clásica por estrés

Notaste: *¿Cómo te sentiste? ¿Tu cuerpo se inclinó hacia atrás o hacia adelante o hacia un costado?* La inclinación puede indicar un estado de sobreconcentración o de desconcentración, al igual que una sensación de hiperexcitación o de extrañeza.

1. Fase de alarma: la sangre va inmediatamente de los lóbulos frontales a los centros de supervivencia del cerebro posterior.

Notaste: *¿Tensión o dolor en tus piernas, espalda, hombros, cuello o mandíbula?* Los músculos se tensan preparándonos para la respuesta de pelea/huída, bien para luchar contra el agresor, o huir de él. Sin embargo, si no respondemos apropiadamente, esa tensión se convierte en dolores musculares y de cabeza crónicos a menudo asociados con el estrés.

Notaste: *¿Un nudo o dolor en tu estómago o tu abdomen?* Los problemas digestivos aparecen cuando la sangre es desviada del sistema digestivo y el sistema adrenalínico envía órdenes de alerta inmediata.

Notaste: *¿Un cambio en tu frecuencia cardiaca? ¿Opresión en tu pecho? ¿Retenías la respiración o respirabas más rápido?* El cerebro necesita más oxígeno bajo estrés, entonces el corazón y los pulmones empiezan a trabajar de más. En un estado de choque a veces olvidamos respirar y pensar nos resulta difícil.

Notaste: *¿Una diferencia en tu visión?* Tus pupilas se dilatan para aumentar la visión periférica y lograr una mejor percepción de los posibles atacantes. ¡No tan útil cuando estás estudiando para un examen y lees cada cosa tres veces sin concentrarte ni comprender!

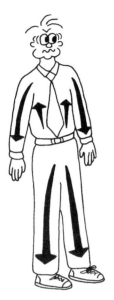

Fase de alarma: al igual que la sangre se desplaza desde los lóbulos frontales a los centros de supervivencia del cerebro posterior, la sangre y energía de los órganos digestivos se dirige a los brazos y piernas para prepararse para atacar o huir.

Notaste: *¿Una diferencia en tu audición o en tu comprensión?* Cuando nos sentimos en peligro no filtramos los sonidos, por miedo a no escuchar un ataque. La concentración y la capacidad para enfocarnos y razonar usando las funciones cerebrales superiores se ven disminuidas.

Otras reacciones psicológicas que afectan tu bienestar

En situaciones estresantes se libera glucosa, que a su vez desencadena la liberación de insulina del páncreas. Si esto ocurre durante un periodo prolongado, puede provocar diabetes. El cuerpo libera colesterol en la sangre para producir energía. El mecanismo de coagulación de la sangre se activa –excelente si el tigre te muerde, porque así no vas a desangrarte. Pero en el largo plazo, los excesivos depósitos de colesterol y el aumento de la coagulación sanguínea incrementan la posibilidad de sufrir ataques cerebrales y cardíacos. Se crean adrenalina y cortisol, hormonas del estrés, las que desintegran el tejido corporal para producir la energía necesaria para luchar y sobrevivir (envejeciéndonos), suprimen el sistema inmunológico, e incluso disminuyen la memoria y la capacidad de aprendizaje.[1]

Esto ilustra cómo las enfermedades más difundidas del siglo xx y el mismo envejecimiento se derivan de la respuesta al estrés programada en nuestra especie y que resulta maravillosamente útil en el momento preciso. Sin embargo, tenemos que aprender a neutralizar el desgaste de las continuas reacciones inapropiadas al estrés, mejorando nuestros mecanismos de supervivencia, de manera que podamos ingresar en un estado de equilibrio.

Ahora vamos a ver qué está haciendo el cavernícola:

---

1   La revista *Science News* reporta que hablar durante 5 minutos de algo negativo eleva y mantiene los niveles de cortisol, lo cual disminuye el aprendizaje y la memoria por 5 horas. ¡Qué buena razón para mantener a raya al estrés!

¿Tigre asado para la cena?

Fase de respuesta: Si entras en acción –luchas contra el tigre dientes de sable–, las hormonas del estrés se disipan. Entonces, en esta circunstancia, el buen cavernícola sale victorioso: inmediatamente actúa y mata al tigre; usó esas hormonas de estrés en forma constructiva y trae el tigre a casa para la cena.

2. Fase de respuesta: si uno entra en acción, las hormonas del estrés se disipan.

Bromas aparte, no deberíamos envidiar el estilo de vida del hombre de las cavernas: los desafíos a su supervivencia eran interminables y, consecuentemente, su expectativa de vida era corta y no necesariamente serena. Su reacción ante el estrés tenía que ser directa, si no, no habría sobrevivido. Sin embargo, en nuestro siglo no nos enfrentamos con tigres.

Las situaciones de estrés de hoy son diferentes; muchas veces no permiten una reacción inmediata. Es probable que se trate de un jefe insensible o de un familiar difícil, y las respuestas de pelea-huida no resultan adecuadas. Tenemos muy poco tiempo para ocuparnos de todos los problemas de nuestro sistema: noticias negativas en la televisión, tránsito complicado, alimentos tóxicos, medio ambiente contaminado, relaciones y trabajo tensos. Mientras estamos atrapados en los patrones reactivos de supervivencia del cerebro posterior, el estrés continúa, y las nuevas ideas y elecciones, que dependen de la actividad del cerebro anterior, devienen imposibles. Sin prácticas que nos ayuden a librarnos del estrés, como por ejemplo el ejercicio físico, el descanso, la nutrición adecuada y las actividades de este libro, las hormonas del estrés continuarán acumulándose hasta que entremos en cortocircuito.

Estresados y sin un lugar adónde ir

Fase de sobrecarga: cuando aparecen los síntomas que identificamos normalmente como estrés. El cuerpo se da cuenta de que ni vas a luchar ni vas a huir. En este punto, el cuerpo está acumulando hormonas de estrés hasta un nivel peligroso y debe desintoxicarse. La sangre abandona los grandes músculos y se desplaza hacia los órganos de desintoxicación y elimina-

3. Fase de sobre-carga. La energía se desplaza a los órganos de la eliminación: hígado, pulmones, riñones, piel.

ción: los pulmones, hígado, riñones y piel. Entras en un estado letárgico y tienes que sentarte, y si el estado de sobrecarga continúa creciendo, incluso podrías desmayarte. El desmayo (muchas veces parte del mecanismo inicial de alarma) en realidad es un mecanismo de defensa brillante; es la forma que encuentra el cuerpo para sacarte de la situación de manera que dejes de generar –y comiences a eliminar– las hormonas del estrés.

¿Notaste que te sientes débil, sin equilibrio o confuso? ¿Te resulta difícil sostener tus brazos en alto por un minuto? Músculos flojos y debilidad son signos clásicos de confusión neurológica y sobrecarga.

En lugar de maldecir a nuestro cuerpo porque manifiesta síntomas de estrés, agradezcámosle por servirnos lo mejor posible en función de nuestra supervivencia del momento, y por darnos señales visibles que nos permitan saber qué está pasando en el interior de nuestro cerebro-cuerpo. ¡No culpes al mensajero!

La imagen se hace más clara. Has examinado con detalle la olla de estrés en tu vida, y los comportamientos inútiles que se han desarrollado como consecuencia. Has tomado conciencia de cómo reacciona tu cuerpo ante el estrés, y has comprendido lo que significa. Ahora, comencemos a actuar tangiblemente sobre este descubrimiento. ¡El proceso "proactivo" de eliminar obstáculos comienza ahora!

Superar los obstáculos

Los tres pasos para manejar el estrés

1. Elimina

a. *El estresor*: limpia tu escritorio desordenado (o elimina los estresores que has identificado en la olla de estrés en la página 46).

b. *Tu participación en el estresor*: cierra la puerta de manera que ya no tengas que mirar tu escritorio (o cambia de empleo, si ése es tu estresor).

2. **Reduce** el estresor: compra algunos archiveros para ordenar tu escritorio (o reduce tus ocupaciones para tener tiempo de ordenar).

3. **Reeduca** la respuesta de tu cerebro-cuerpo de manera que no "reacciones" cada vez que miras tu escritorio, y te lleve hasta la sobrecarga (o ve tu escritorio desordenado como el signo de una mente creativa).

¡Entonces ponte en movimiento! La próxima actividad de reflexión consiste en señalar qué es lo que deseas eliminar, reducir y reeducar.

Elimina o modifica los estresores pequeños que te molestan. Cada uno puede ser poco importante, pero al acumularse se convierten en un peso difícil de cargar, y agotan la energía adaptativa que necesitas para enfrentar los inevitables estresores mayores en la vida cotidiana.

Examina todos los asuntos que demandan tu tiempo y atención. ¿Contribuyen a tu vida y a tus objetivos de largo plazo? ¿Te diviertes? Si no, estás saboteándote y consumiéndote a ti mismo. Tómate un momento para considerar algunos primeros pasos que te llevarán a aligerar tu olla de estrés.

Líbrate de todo lo que puedas. Modifica todo lo que puedas. Suponiendo que no quieres pasarte el resto de tu vida escapando de los estresores que quedan, ni que eliges enfermarte, entonces necesitas concentrarte en el punto número 3, técnicas fáciles para reeducar tu respuesta neurológica al estrés.

En la actividad de reflexión que sigue, identifica problemas que quieras confrontar inmediatamente. Luego, a medida que progreses con el libro, elimínalos, redúcelos o reedúcalos.

El objetivo es que logres librarte de todas las pérdidas de energía vital innecesarias, y luego tomes conscientemente el control de tus reacciones ante los estresores restantes. Las herramientas de este libro te ayudarán a estar sereno, coordinado y funcionando con tu cerebro frontal —el mejor— en todas las áreas del ser y del hacer a lo largo de tu vida.

Reflexión: anota al menos dos estresores de los que quieras ocuparte en cada categoría

Elimina

a. El estresor

1. _____

2. _____

b. Tu participación en el estresor

1. _____

2. _____

Reduce el estresor

1. _____

2. _____

Reeduca tu respuesta emocional, mental y psicológica frente a:

1. _____

2. _____

Si no puedes cambiar de jefe,
reeduca tu reacción.

Una de las miles de formas
de manejar el estrés.

¿Qué más puedo hacer?

Naturalmente existen todos los métodos convencionales de manejo del estrés: ir al gimnasio, tomar un baño caliente, meditar, y otros mil que pueden serte útiles. Tú eliges. ¡Lo único que no puedes elegir es… no hacer nada!

El deseo de nuestro cerebro-cuerpo de alcanzar una estabilidad emocional nos ha inclinado hacia los cambios inmediatos y sintéticos producidos por una píldora, el alcohol, el azúcar o la cafeína. Por ejemplo, el chocolate contiene fenilalanina, que dispara la liberación de oxitocina, el mismo neurotransmisor "extático" que se genera cuando nos enamoramos o tenemos un hijo. ¡No es de extrañar que a todos nos encante el chocolate!

Recuerda, estas sustancias externas imitan nuestra bioquímica del bienestar, se unen a nuestros receptores cerebrales, y disminuyen la capacidad de nuestro cuerpo para fabricar nuestros propios mensajeros químicos positivos. Entonces (si no lo impide algún problema de salud), si queremos alcanzar un estado de bienestar físico, emocional y mental, vale la pena que hagamos lo siguiente: moderar los estresores en nuestra vida, comer bien, dormir bien, administrar nuestro tiempo, ejercitarnos y practicar las técnicas equilibradoras del cerebro-cuerpo, diseñadas para dar a nuestro sistema la oportunidad de fabricar naturalmente los bioquímicos adecuados, necesarios para un equilibrio emocional[2]. La vía más rápida consiste en desbloquear la propia respuesta negativa al estrés emocional, con lo que inmediatamente se altera el estado del cerebro-cuerpo y su química.

En este libro buscamos darte las herramientas para reeducar la reacción de tu cerebro-cuerpo al estrés del momento, de manera que éste no interfiera con tu habilidad para permanecer integrado mientras aprendes y haces lo que quieres. No sólo puedes desbloquear los circuitos de estrés atorados, sino que, con las actividades integradoras que conocerás de aquí en adelante, evitarás en primer lugar, que se atoren esos circuitos. ¡La acumulación en tu olla de estrés puede terminar ahora mismo!

---

[2] El libro *Success over Distress*, del doctor Wayne Topping contiene mayor información acerca del cambio positivo de los hábitos personales en relación con el estrés. Consulta nuestra bibliografía para otras fuentes de apoyo.

Para conocer con más profundidad la respuesta ante el estrés y cómo manejarla, te recomiendo que leas mi libro *Putting Out the Fire of Fear*, que trata específicamente el tema. Para pedirlo visita la página siguiente en la red: www.enhancedlearning.com

NOTAS

4

Recargar tu batería

Del mismo modo que los circuitos eléctricos de una casa pueden sufrir una sobrecarga, las señales neurológicas y psicológicas pueden atascarse y desconectarse, bloqueando el flujo normal de la comunicación cerebro-cuerpo. Los médicos más importantes de Oriente y Occidente reconocen la necesidad de mantener el libre flujo en los circuitos electromagnéticos del cuerpo.

PAUL DENNISON y GAIL DENNISON,
Cómo aplicar Gimnasia para el cerebro, p. 53.

Equilibrar la energía del cuerpo

Durante años el mundo occidental no podía explicar qué es lo que hacía "vivir" a las cosas y rechazaba el concepto del cuerpo como un sistema energético, porque en la mesa de disección no podían encontrarse conductos por donde pasara la energía (como las arterias y las venas que llevan la sangre). Sin embargo, la tradición de Oriente siempre ha reconocido que los sistemas básicos de la vida están "energetizados". Aunque no es algo completamente definible, la energía vital parece ser de naturaleza electromagnética, y fluye a lo largo de vías o canales específicos en el cuerpo, llamados meridianos. La acupuntura, y por lo tanto la energía de estos meridianos, ha comenzado a ser reconocida en la medicina occidental para el control del dolor.

Estos meridianos de energía fueron trazados por vía electrónica, térmica y radioactiva, empleando modernos métodos tecnológicos. La investigación de nuestros días indica que los meridianos contienen un líquido de libre flujo, no celular e incoloro, que puede ser parcialmente propelido por el corazón.[1] En la actualidad se está buscando definir la estructura de estos canales.

La energía de los meridianos fluye en forma continua e ininterrumpida. Trabajamos directamente sobre esta energía meridiana en los puntos en donde aflora a la superficie del cuerpo. Los acupunturistas identificaron estas vías de acceso en forma individual, según el órgano o la función con los que parecen estar asociadas[2]; utilizan agujas para trabajar sobre el sistema meridiano. Sin embargo, los legos también podemos equilibrar esta energía con métodos inofensivos, como el masaje de acupresión, el tacto y el seguimiento de los canales.

Seguimiento del meridiano: dediquemos un momento a sentir el flujo energético del meridiano. Coloca tu mano abierta, con la palma hacia tu cuerpo, a 5 cm de distancia y deslízala suavemente desde abajo de tu ombligo hasta debajo de tus labios varias veces. La palma de tu mano tiene suficiente energía electromagnética como para atraer y ayudar a movilizar

---

[1] John Maguire, *Become Pain Free with Touch for Health*, p. 11.

[2] John Thie, *Touch for Health*, p. 17.

Linea meridiana: coloca tu mano abajo del ombligo y súbela hasta la barbilla.

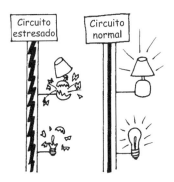

El estrés puede sobrecargar nuestro circuito normal y dañar nuestros "fusibles".

la energía de tu meridiano central, mejorando así su flujo hacia el cerebro y el funcionamiento mental. Cuando necesites una dosis extra de energía, ¡recorre tu meridiano central!

Si lo haces lentamente varias veces, puede que sientas cosquilleo en tu mano, y que tu cabeza está más despejada. Un movimiento descendente hace que la energía meridiana fluya despacio; por eso siempre es mejor terminar con un movimiento hacia arriba, a menos que seas hiperactivo e hiperenergético; en este caso un movimiento hacia abajo normalizará el exceso de energía meridiana y tendrá un efecto calmante.

Comunicación eléctrica: exploraremos más adelante cómo nuestro sistema nervioso central se asienta sobre una comunicación basada en las polaridades eléctricas para llevar información del cuerpo al cerebro y viceversa. Para decirlo con una sencilla metáfora, el funcionamiento de nuestro cerebro-cuerpo será óptimo cuando el flujo de energía meridiana y el sistema de comunicación eléctrico estén equilibrados y sin restricciones; pero cuando nuestra "olla de estrés" sobrecarga el circuito normal, nuestros "fusibles" se funden. Este cortocircuito tiene por efecto el que exista una energía insuficiente –o excesiva– en diferentes partes de nuestro sistema cerebro-cuerpo: ¡o vuelan las chispas, o se corta la luz! Es más, este patrón puede fundirse con uno de nuestros circuitos atorados, que de allí en adelante se reactivará cada vez que enfrentemos situaciones similares. En casos extremos y a largo plazo, puede aparecer la enfermedad.

Por eso, el primer paso para liberarnos de los efectos de la respuesta clásica al estrés consiste en equilibrar los sistemas eléctrico y energético del cuerpo. Te presentaremos algunas técnicas sencillas para restablecer el flujo de energía y para mejorar el intercambio eléctrico de mensajes de tu cerebro-cuerpo. Los kine-siólogos especializados usan puntos de acupresión, al igual que los "botones" de otros sistemas (como el linfático y el cardiovascular) para provocar efectos en niveles más profundos y menos accesibles.

¿Cómo sabemos si nuestro sistema energético se encuentra comprometido? ¿Qué sentimos cuando se bloquea el flujo de nuestra energía meridiana? Primero hagamos una preverificación personal.

Pre-verificación: toma conciencia de tu funcionamiento actual

❐ ¿Estás atento y alerta?

❐ ¿Puedes pensar con claridad?

❐ ¿Tu concentración y tu capacidad de comprensión son buenas?

❐ ¿Tu cabeza está despejada?

❐ ¿Te sientes relajado?

Actividades

Bebe agua: el mejor integrador del cerebro y antídoto contra el estrés

El agua brinda la hidratación necesaria para conducir los impulsos eléctricos a través del cuerpo, impulsos que llevan órdenes desde el cerebro hasta los músculos y viceversa. Sin una buena hidratación experimentarás un cortocircuito y se disparará una respuesta al estrés ¡incluso si no hubiera estresores en tu vida! Es más, el agua pura es percibida por el cerebro mientras se encuentra todavía en tu boca a través de receptores, e instantáneamente corrige el estrés corporal producido por la deshidratación. Entonces, bebe la "liberación instantánea del estrés" a lo largo del día.

Recuerda estas suge-
rencias, experimenta
y nota que al tomar
agua te sientes mejor.

El agua es esencial para un correcto funcionamiento linfático, ayudando a eliminar los desechos y toxinas del cuerpo. También permite que llegue de 1000 a 10,000 veces más oxígeno a la sangre, reduciendo el estrés de los pulmones y el corazón. Es un estimulante instantáneo para el cerebro. Beber mucha agua aumenta la energía, mejora la concentración, la coordinación física y mental, y las habilidades académicas. Es especialmente necesaria cuando se trabaja con máquinas eléctricas (computadoras), que pueden tener un efecto negativo sobre el cuerpo.

Si no tienes una limitación médica, los doctores sugieren que bebas cada día un vaso de agua (250 ml) por cada 10 kilos de peso de tu cuerpo, y que sumes otro vaso en caso de estrés o de actividad física. Por lo tanto, una persona promedio de 70 kilos necesita al menos siete vasos de agua por día. Importante: la cafeína y el alcohol son diuréticos, así que necesitarás beber un vaso de agua extra por cada taza de café que tomes ¡y dos vasos extra por cada vaso de bebida con alcohol! Levanta tu vaso "¡a tu salud!".

Sigue la corriente de H$_2$O

Los médicos del deporte sugieren un mínimo de:
- Un vaso de agua (250 ml) por cada 10 kilos de peso.
- Más un vaso extra por cada taza de café o bebida con cafeína.
- Más dos vasos extra por cada bebida con alcohol.
- Y más si te ejercitas mucho o estás bajo estrés.

"Botones" para equilibrar tu energía

Equilibrado c/c

Los "Botones" ayudan a normalizar mecánicamente el flujo de energía en los meridianos principales, y a minimizar la respuesta al estrés. Esta actividad sencilla te ayuda a estar más alerta, claro y centrado. Puede ayudarte a integrar tus hemisferios izquierdo y derecho, a activar los centros visuales y a fortalecer los músculos porque libera los bloqueos de la energía meridiana.

Funciona muy bien cuando no puedes pensar claramente y te sientes confundido.

Con una mano simula una garra y apoya la punta de tus cinco dedos en círculo alrededor de tu ombligo, con tu pulgar apuntando hacia arriba en dirección a tu cabeza. Tenemos potentes plexos de energía en la punta de nuestros dedos, y ponerlos de punta lleva la atención hacia tu centro de gravedad y afecta tu sistema de energía meridiana. Mantén esta posición en los siguientes dos pasos:

1. Para la integración izquierda/derecha: masajea el punto R27 de acupresión en el hueco justo debajo de tus clavículas, a ambos lados del esternón, entre tu primera y segunda costillas. La acupuntura considera estos puntos de acupresión como unos de los principales puntos de asociación de todo el sistema. Masajeándolos afectamos la circulación de sangre (y oxígeno) al cerebro.

2. Para la integración cerebral superior/inferior, posterior/anterior: masajea arriba y debajo de los labios. Así estimulas las terminaciones del meridiano Central (al frente) y del meridiano de Control (al dorso).

Coloca la punta de los dedos de una mano alrededor de tu ombligo, con el pulgar hacia arriba. Al mismo tiempo:

1. Masajéate bajo las clavículas, cerca del esternón.

2. Masajéate debajo y arriba de los labios.

Esta técnica fue desarrollada por Hap y Elizabeth Barhydt, en su libro *Self-Help for Stress and Pain*.

Ganchos de Cook

Esta actividad permite que tus meridianos de energía se equilibren. Practícala cada vez que te sientas triste, enojado o confundido. Estarás uniendo las conexiones frente-dorso, arriba-abajo, e izquierda-derecha en una figura de 8. La energía eléctrica comenzará a fluir fácilmente por sus canales, y puede que sientas

Equilibrado c/c

Posición 1
Coloca un tobillo sobre la rodilla opuesta. Con el brazo contrario tómate el tobillo de la pierna doblada. Dobla un poco el otro brazo y toma la planta del pie de tu pierna doblada. Pon tu lengua en el paladar y respira profundamente. Si quieres, invierte la postura. Cuando te sientas relajado, pasa a la posición 2.

Posición 2
Descruza las piernas y coloca tus pies en el suelo, mientras la lengua permanece en el paladar. Une la punta de tus dedos de las manos y respira profundamente.
  Sostén cada posición durante uno o dos minutos hasta que te sientas relajado.

una mayor circulación en tus extremidades. Emplearás así las propias fuerzas eléctricas de tu cuerpo para normalizar el flujo de energía mientras te ocupas de pensamientos o problemas que en otro caso habrían hecho volar tus circuitos.

Comienza sentándote en una silla cómoda con tus pies en el suelo.

Posición 1

1. Pon un tobillo sobre la rodilla opuesta.

2. Con el brazo contrario tómate el tobillo de la pierna doblada.

3. Dobla un poco el otro brazo y toma la planta del pie de tu pierna doblada.

4. Pon tu lengua en el paladar y respira profundamente.

Sostén esta posición durante un minuto o dos, hasta sentirte sereno. Si quieres, invierte la postura. Cuando te sientas relajado, pasa a la posición 2, manteniendo tu lengua en el techo del paladar.

Posición 2

1. Descruza las piernas y coloca tus pies en el suelo, mientras la lengua permanece en el paladar.

2. Une la punta de tus dedos y respira profundamente. Además de poseer una elevada carga de energía, las puntas de los dedos tienen polaridades alternas al oponer las manos (los pulgares son neutros). Cuando unes tus dedos se completa un circuito, y la energía fluye desde la polaridad positiva a la polaridad negativa. Después de unos minutos puede que tus dedos se pongan un poco rojos y que sientas una pulsación por la energía

que se mueve. ¡Ésta es una postura maravillosa si sufres de manos y pies fríos!

Sostén la posición 2, pensando en tu estresor, durante dos minutos hasta que suspires, bosteces o te sientas aun más relajado. Los Ganchos fueron desarrollados por Wayne Cook y resultan especialmente útiles para quienes sufren de severos desajustes electromagnéticos.

Variante de la posición 1 para estar de pie o recostado, muy útil cuando no puedes dormir

Cruza tu muñeca derecha sobre tu muñeca izquierda y tu tobillo derecho sobre tu tobillo izquierdo (o viceversa). Enfrenta la palma de tus manos y entrelaza tus dedos. Da vuelta a tus manos primero hacia tu cuerpo y luego hacia arriba. Con la punta de tu lengua en el paladar, respira profundamente y cuando te sientas relajado, pasa a la posición 2, descrita arriba. Esta variante fue desarrollada por los doctores Paul y Gail Dennison para Gimnasia para el cerebro®.

Puedes hacer esta variación de pie o recostado.

Respiración polarizada

La respiración profunda y rítmica está recomendada desde siempre para el control del estrés y para la relajación (lo veremos más adelante). Menos difundido es el hecho de que nuestro patrón respiratorio cambia regularmente de una fosa nasal a la otra. Esto asegura una ionización equilibrada, afectando la proporción de calcio y potasio en la sangre. Con el estrés, la polarización de la membrana celular se "desconecta" y el cuerpo comienza a desajustarse.

Equilibrado

La investigación ha demostrado que la respiración a través de la nariz refresca el hipotálamo, responsable de controlar los químicos cerebrales que afectan el estado anímico (APA Monitor, octubre 1990). El ciclo respiratorio está vinculado a la preferencia hemisférica en el cerebro. La preponderancia de la fosa derecha (hemisferio izquierdo) se relaciona con fases de aumento de actividad. La preponderancia de la fosa izquierda (hemisferio derecho)

representa las fases de descanso. Para cambiar de ánimo, respira por tu fosa más congestionada.[3]

Se ha demostrado clínicamente que la técnica que presentamos puede ayudar a equilibrar el cerebro y el cuerpo para relajarnos y pensar mejor. La respiración polarizada fue utilizada por primera vez en la Kinesiología aplicada por el doctor Sheldon Deal.[4]

1. Pon la lengua en el paladar.

2. Cierra una narina presionando con tus dedos y respira; suéltala, cierra la otra narina y exhala. Repite tres veces.

3. Cambia de lado: inhala ahora por donde habías exhalado antes, y exhala por donde habías inhalado. Repite tres veces.

Verificación posterior: cuerpo eléctrico

❐ ¿Notas la diferencia?

❐ ¿Te sientes más alerta?

❐ ¿Piensas con mayor claridad?

❐ ¿Ha mejorado tu concentración y capacidad de comprensión?

❐ ¿Tu cabeza está despejada?

❐ ¿No tienes señales físicas de estrés?

❐ ¿Te sientes más relajado?

---

3   David Shannahoff-Khalsa, "Breathing Cycle Linked to Hemispheric Dominance", *Brain Mind Bulletin*, volumen 8, número 3, enero 3, 1983.

4   Sheldon Deal, *Applied Kinesiology Workshop Manual*, New Life Publishing Co., 1973.

5

Comunicación del cerebro al cuerpo

¡Quééééé interesaaaante!

Si la organización cerebral es un reflejo de la experiencia,
y la experiencia del niño traumatizado es de miedo y estrés,
entonces las respuestas neuroquímicas al miedo y al estrés se
convierten en los principales arquitectos del cerebro.

SHARON BEGLEY "How to Build a Baby's Brain",
Newsweek Special Edition, privamera/verano 1997, p. 31.

Cómo es la comunicación cerebro-cuerpo

Ahora que estamos eléctricamente más equilibrados, podemos concentrarnos en la teoría del cerebro-cuerpo. Lo primero que haremos es felicitarnos por lo bien que ha trabajado nuestro cerebro-cuerpo hasta este momento.

La mayoría de nosotros nos recriminamos cuando nos desempeñamos pobremente bajo presión. En realidad deberíamos estar satisfechos de nuestro funcionamiento dada la complejidad del diseño humano, y considerando la cantidad y la calidad del estrés emocional, ambiental y físico que debemos enfrentar. ¡Es asombroso!

Oye, ¿qué es lo que interrumpe el flujo de comunicación?

Para un funcionamiento óptimo, la información debe fluir libremente del cerebro al cuerpo.

Ya hablamos sobre los cambios psicológicos visibles cuando se experimenta la respuesta clásica al estrés. Ahora, examinemos con más detalle cómo se comunica el sistema cerebro-cuerpo, lo que nos hará comprender mejor cómo nos afecta la respuesta al estrés, y considerar la forma de enfrentarlo en todos los niveles.

Nuestra premisa básica para que el cuerpo y el cerebro funcionen de manera óptima es que se integren. La información debe fluir en forma libre e instantánea desde el cuerpo hacia áreas específicas del cerebro y de vuelta al cuerpo, así como entre diferentes partes del cerebro, cada una funcionando en forma separada y como parte del todo.

El sistema de comunicación más conocido del cerebro-cuerpo es el sistema nervioso. El cerebro es la torre de control del sistema nervioso central, encapsulado en el cráneo para su protección. El resto del sistema nervioso central es una delgada cuerda de tejido nervioso llamada médula espinal, que corre desde la base del cerebro a lo largo de la columna vertebral. Desde la médula espinal se desprenden las ramificaciones nerviosas que constituyen el sistema periférico: 31 fibras desde el frente llevan las instrucciones del cerebro al resto del cuerpo, y otras 31 fibras sensibles ingresan en la parte posterior de la columna vertebral llevando la información de los detectores sensoriales internos y externos del cuerpo, y enviándola a través de la médula espinal hacia el cerebro[1]. Otros 12 pares de fibras nerviosas, llamados nervios craneales, que se originan en la cabeza, son responsables de muchísimas cosas, desde el olfato y el gusto hasta la posición de la cabeza y de la boca.

La **visión** se deriva de la energía electromagnética; el **oído** y el **tacto** se derivan de la energía mecánica; y el **gusto** y el **olfato** se derivan de la energía química. Todos los estímulos sensoriales se convierten en impulsos eléctricos nerviosos que viajan a través de las neuronas[2], atravesando los espacios sinápticos por medio de neurotransmisores químicos, y terminando su viaje en estaciones de selección adecuadas en el cerebro. En forma similar, los mensajes del cerebro se codifican en frecuencias específicas de energía electromagnética y se transmiten al cuerpo a través de la superautopista formada por el **sistema nervioso**, la **médula espinal**, las **neuronas motoras**, y con la ayuda de los **neurotransmisores** químicos y otras redes químicas de las que hablaremos más adelante. Así, establecemos con nuestro medio ambiente un flujo de información constante que se retroalimenta: información sensorial que entra; información motora que sale. Nuestro medio ambiente nos informa, procesamos e interpretamos el significado, y después actuamos sobre nuestro medio.

¡Cerebros del mundo, uníos!

¡Nosotros podemos controlar a las masas!

A diferencia de la ciencia ficción, nosotros, los cerebros en frascos, podemos dominar al mundo, nuestra inteligencia vive en todo el cuerpo.

Primero exploraremos el funcionamiento del sistema "de arriba hacia abajo", es decir, del cerebro al cuerpo. En el capítulo 7 examinaremos con más detenimiento cómo se produce la comunicación en la dirección inversa, es decir, del cuerpo al cerebro. Finalmente, observaremos el panorama completo: una red de comunicación cerebro-cuerpo coherente y milagrosa que opera en forma simultánea.

Dividir nuestra teoría del cerebro-cuerpo en diversas secciones es simplemente mi manera arbitraria de distribuir la información en módulos de

---

1   Joel Davis, *Mapping the Brain*, p. 25.

2   Eric Jensen, *The Learning Brain*, p. 48.

aprendizaje más fácilmente digeribles. Recuerda, sin embargo, que funcionalmente el cerebro-cuerpo es una sola entidad. A diferencia de tantas películas de ciencia-ficción, en las que un cerebro en un frasco puede gobernar el mundo, nuestra inteligencia vive en todo el cuerpo y acaso ese sea el mensaje más importante de este libro.

Es cierto que la teoría te brinda un entendimiento más profundo sobre por qué los procesos que utilizamos funcionan. Sin embargo, para beneficiarnos de las actividades no es necesario conocer la teoría; por lo tanto, si decides que quieres abordar directamente el trabajo personal, puedes saltarte lo que viene hasta la página 89. Para el resto de ustedes, ansiosos por aprender ¡allá vamos!

Cómo funciona el cerebro

Sabemos que la anatomía general del cerebro humano no ha cambiado mucho en los pasados 200,000 años, pero recién ahora, con los modernos equipos productores de imágenes, estamos comenzando a comprender sus biomecanismos. Para 1998 fue posible declarar que 70% del conocimiento actual sobre el cerebro ha sido descubierto en los últimos años. Desde entonces, la investigación científica se ha incrementado influyendo en el cuidado de la salud, la enseñanza, incluso en la mercadotecnia de productos. La intención de este libro es presentarte un panorama general y sencillo del papel que tiene el cerebro en la respuesta al estrés. Esperamos que esto estimule tu sed de conocimiento y te anime a investigar con más profundidad en este campo de estudio apasionante.

Primero, para aquellos de ustedes que gustan del conocimiento en pequeñas cápsulas, hemos condensado los datos clave sobre el cerebro[3] en un

¡Mira!, este cerebro luce como el de hace 200,000 años

El cerebro no ha cambiado desde hace 200,000 años. Pensamos que es nuevo y mejor.

---

[3] Esta recapitulación se inspiró en el resumen *The Learning Revolution* de Gordon Dryden y Jeannette Vos, p. 108. He actualizado y revisado los datos originales de acuerdo con mi propia interpretación y propósitos. Su trabajo es una buena elección para introducirse en el aprendizaje acelerado.

recorrido de un minuto y medio, después del cual brindaremos una exposición más detallada sobre cómo se comunica tu cerebro.

Datos básicos sobre el cerebro: sé un experto en 90 segundos

Tu asombroso cerebro:

• Tiene demasiadas neuronas para contarlas: se estima que son un trillón, incluyendo 100 billones de células nerviosas activas (neuronas) y 900 billones de células gliales, que conectan, alimentan y protegen a las células activas.

• Puede generar en cada neurona de esos 100 billones hasta 20,000 ramificaciones de interconexión y comunicación. Literalmente ¡todo está conectado a todo!

• Metafóricamente, funciona más bien como una selva química, donde todos los componentes gozan de relaciones simbióticas, más que como la antigua imagen mecanicista de una computadora.

• Opera como la web, en el sentido de que transmite las partes individuales de un mensaje a través de redes distantes y diversas, y luego vuelve a ensamblar todas las piezas formando un mensaje comprensible en el centro cerebral o corporal adecuado.

• Reconfigura constantemente sus autopistas neuronales durante una tarea y se reestructura química y físicamente a medida que aprendemos y crecemos.

• Posee un fuerte componente emocional; así la atención, la concentración, la memoria de largo plazo y por lo tanto el aprendizaje, se encuentran todos movidos por la emoción.

• Metafóricamente son tres cerebros en uno: uno automático e instintivo (posterior), uno emocional y mediador (medio), y uno de razonamiento superior (córtex o corteza cerebral).

- Tiene dos lados que trabajan en armonía: un hemisferio del detalle (generalmente el izquierdo) y un hemisferio de la visión de conjunto (generalmente el derecho). La excelencia en cualquier área, sea en matemáticas o en las artes, necesita de la integración de ambos hemisferios.

- Envía millones de mensajes por segundo, a velocidades superiores a los 130 metros por segundo, o 320 kilómetros por hora.[4]

- Desarrolla y expresa una multitud de información específica al mismo tiempo, así que tenemos muchos modos de ser inteligentes[5].

- Opera en al menos cuatro longitudes de onda diferentes[6].

- Es parte de un sistema general de transmisión que emite mensajes electroquímicos en forma instantánea hacia cada parte de nuestro cuerpo.

- Es increíblemente adaptable y flexible; genera nuevas conexiones y adaptaciones para mejorar el funcionamiento y la comprensión.

Qué tal, cuerpo, ¿podemos hablar?

Para quienes hayan satisfecho sus deseos de conocimiento y estén más interesados en caminar que en conversar, abandonen este capítulo y vayan a la página 89. Para quienes hayan quedado fascinados con la conversación ¡sigan leyendo!

---

[4]   Ron Van der Meer y Ad Dudink, *The Brain Pack*, Sección "La química de los impulsos nerviosos". Es un libro popular absolutamente fantástico que compendia el aprendizaje cerebral compatible con la activación de casi todas las inteligencias múltiples y sentidos. El único que falta es el olfato. (En la siguiente nota encontrarás más información sobre las inteligencias múltiples). Imágenes, texto, actividad, sonido, tacto, ¡interacción en sus tres dimensiones! Un libro que no puede faltar en tu biblioteca.

[5]   Del concepto básico de inteligencia "eres" o "no eres", basado en la escuela tradicional y los tres pasos (elimina, reduce, re-educa), la comunidad educativa ha cambiado hacia la teoría de un conocimiento de las inteligencias o talentos múltiples. Popularizada primero por el doctor Gardner, esta original teoría de las siete inteligencias incluía: la verbal/lingüística, la lógica/matemática, la visual/espacial, la del cuerpo/kinestésica, la musical/rítmica, la interpersonal y la intrapersonal. La definición de las inteligencias específicas se ha expandido desde entonces, con la afirmación de algunos investigadores acerca de que potencialmente son miles. El fundamento es que cuando se presenta el aprendizaje de manera que se estimulen diferentes centros procesadores del cerebro, aquél será más fácil, profundo y permanente. En mi taller Aprendizaje Brillante se exploran las aplicaciones prácticas de este y otros principios del cerebro.

[6]   Eric Jensen, *The Learning Brain*, p. 48.

¿Cómo se comunica tu cerebro?

Conoce tu equipo de "relevos": tus neuronas

Como en toda autopista, el tráfico fluye en dos sentidos: información sensorial y propioceptiva que fluye del cuerpo al cerebro, y órdenes sobre funciones motoras y corporales que van del cerebro al cuerpo. La información es enviada y recibida por el cerebro por medio de células nerviosas o neuronas (y a través de sustancias informacionales que atraviesan los espacios intercelulares; ya lo veremos más adelante).

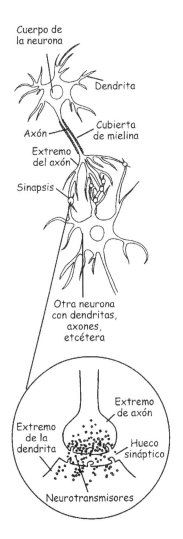

Cuerpo de
la neurona

Dendrita

Axón

Cubierta
de mielina

Extremo
del axón

Sinapsis

Otra neurona
con dendritas,
axones,
etcétera

Extremo
de axón

Extremo
de la
dendrita

Hueco
sináptico

Neurotransmisores

Cuando nacemos poseemos un juego completo de células nerviosas, pero sólo nuestro tronco encefálico está funcionando integralmente. A medida que aprendemos, crecemos y vivimos, desarrollamos conexiones aún más sofisticadas entre las células nerviosas, ascendiendo hacia nuestras habilidades corticales superiores. Cada neurona tiene un gran cuerpo central con ramificaciones llamadas dendritas, que se extienden para recibir la información, y un cuerpo más largo, como una cola, llamado axón, que transmite la información. Las dendritas conectan a cada neurona con una multitud de otras neuronas al ramificarse hacia afuera, esperando recibir la información de otros axones que están más adelante o más atrás en la fila. Cuanto mayor sea el número de dendritas en una neurona, y cuanto mayor sea el número de neuronas a las que se conecta, más veloz será el viaje de la información, y más profundamente desarrolladas y sofisticadas resultarán las redes neuronales.

Pasar la batuta en la sinapsis

Cuando la información (en forma de pulsos electromagnéticos) alcanza el extremo de un

axón, normalmente provoca una liberación de químicos llamados **neurotransmisores**. Estos químicos viajan a través
de un espacio muy pequeño que separa
una neurona de la otra: el espacio sináptíco. La sinapsis hace posible que una sola
neurona pueda comunicarse con muchas
otras en forma simultánea. Es más, cada

¡No puedes caerte en este momento! Practiquemos un poco
más para tener mayor eficiencia.

neurona puede tener miles de receptores en su superficie. La información
química llega al lugar correcto porque es recibida por receptores diseñados
para ajustarse a esa información específica; es como una llave y un cerrojo.

Lo sorprendente de nuestro cerebro es que cuanto más usamos el sistema,
mejor funciona, y la transmisión de información puede alcanzar velocidades
de hasta 320 km/h. ¡Algunos investigadores dicen que aun más! Los escaneos
con tecnología pet (tomografía de emisión de positrones) muestran que
cuanto más rápido aprendemos, mayor es la organización y la eficiencia de
la actividad cerebral. Además, los circuitos neuronales eficientes requieren
menos energía. Entonces ¿cómo mejoramos la eficiencia de nuestro sistema
de mensajes? A través del aprendizaje, la práctica y los equilibradores del
cuerpo-cerebro.

Cada vez que agregamos información o comprensión a nuestro repertorio
se producen nuevas conexiones sinápticas. La velocidad con la que procesamos esa información puede ser incrementada también por un proceso que
se llama mielinización. La mielinización recubre los axones correspondientes
con una capa de grasa cada vez que se utilizan, haciéndolos eléctricamente
más eficientes.

Otra ayuda a la eficiencia, la organización y la discriminación en el cerebro: las vías no utilizadas son inhabilitadas. Desde los primeros años de vida,
y particularmente alrededor de los 11 años, las células nerviosas no utilizadas
son "desenchufadas", interrumpiendo las conexiones sinápticas. Así la frase
"si no lo usas se atrofia" ciertamente se aplica a la función cerebral. Pero
¡no te asustes! Tenemos tal cantidad de células cerebrales que, si no existen
desórdenes neurológicos, aún podemos funcionar normalmente incluso con
todas esas vías cortadas.

De aquí la importancia de que los niños pequeños se expongan a tantas nuevas experiencias y oportunidades diferentes de desarrollarse física y mentalmente como sea posible. Desde el nacimiento hasta los 10 años es el período de mayor crecimiento dendrítico: los niños están enriqueciendo y activando sus patrones de asociaciones dendríticas para toda su vida. La especialización sólo debería aparecer una vez desarrollada esta ventana de oportunidades en la niñez temprana, que permite desarrollar y aumentar el "hardware" básico de la inteligencia. En sus estudios, la doctora Marion Diamond ha comprobado científicamente que el cerebro crece a través del enriquecimiento que le brinda su medio ambiente (contexto).

Los adultos también podemos aumentar nuestra capacidad cerebral con experiencias nuevas, resolviendo problemas o enigmas, y aprendiendo a dominar nuevas disciplinas con nuestra mente o nuestro cuerpo.

Las partes que hacen el todo

No necesitas saber cuáles son las partes de tu cerebro para usarlo en forma efectiva. La mayoría de nosotros conduce sus coches sin tener la menor idea de cómo se llaman los componentes del motor de combustión interna, mientras que otros se interesan apasionadamente. Lo mismo ocurre con el cerebro: si eres de aquellos curiosos que quiere comprender lo que sucede con la información dentro del cerebro, entonces ¡esta sección es para ti! Verás que resulta útil tener un conocimiento básico de la fisiología cerebral. Obviamente, nos aproximaremos a este campo complejo con la idea de ocuparnos sólo de lo imprescindible para iluminar el modelo que presentamos en este libro.

La investigación actual señala que existe un cerebro modular, con decenas de millones de redes neuronales diferentes que cumplen con sus pequeñas tareas asignadas, y se intercomunican a lo largo y a lo ancho del cerebro total, creando un complejo cognitivo.[7] Resulta útil como metáfora con fines educativos la división del cerebro en tres secciones principales: el cerebro posterior, el cerebro medio, y la corteza cerebral. Si bien vamos a describir las funciones de diferentes partes del cerebro, es vital que tengamos presente que en realidad ninguna parte actúa por su cuenta. Cada parte debe dialogar

---

7   Robert Sylwester, *A Celebration of Neurons*, p. 41.

con las otras a través de las fibras nerviosas. El doctor Russell Blaylock dice que "no hay islas en el cerebro".[8]

El cerebro posterior: la acción automática

El cerebro posterior se orienta hacia la supervivencia. Se ocupa de las funciones automáticas, como la respiración y la frecuencia cardiaca; es la parte más veloz del cerebro, no tiene sensación de tiempo, y controlará a todo el cerebro cuando sus necesidades básicas no se ven satisfechas. En los términos de la respuesta clásica al estrés, aquí es donde la primera fase de alarma se dispara. Nos referiremos a tres áreas claves del cerebro posterior.[9]

El **tronco encefálico** es responsable de mantenernos básicamente con vida. Alberga los centros de control de los sistemas digestivo, respiratorio y circulatorio. Está implicado en nuestra respuesta clásica de "lucha o huída". Toda la información sensorial viaja a través del tronco encefálico hasta llegar al **sistema de activación reticular**, localizado en la cima del tronco encefálico, que avisa al cerebro de todas las señales que llegan y filtra la información no esencial. Se conecta con el sistema vestibular (equilibrio del oído interno). También funciona como una llave que abre y cierra el acceso al razonamiento cortical superior (posee axones que se enlazan con las regiones más bajas de la corteza), según se encuentre o no relajado el cerebro medio. Por lo tanto su función es esencial para la atención y el aprendizaje.

El **cerebelo** a veces es llamado el cerebro pequeño, y se asemeja a una pequeña coliflor que se asienta en la parte posterior del tronco encefálico. Es vital para la realización de movimientos complejos y sofisticados, funciones motoras de rutina como caminar (que aprendemos en forma automática) y el equilibrio. También se ocupa de muchos de los mecanismos motores de supervivencia.

El cerebro medio: la motivación

Llamado también cerebro límbico en el modelo triple del doctor Paul Mc-Clean, el **cerebro medio** es responsable del biorritmo, la temperatura cor-

---

[8]   Russell L. Blaylock, *Excitotoxins: The Taste that Kills*, p. 10.

[9]   Para ayudar a tu cerebro posterior: refuerza tu sentido de seguridad; establece rutinas positivas y con propósito; date tiempo entre el trabajo, las tensiones, el relajamiento y las discusiones. Apóyate en las sugerencias de Eric Jensen que aparecen en *Brain Based Learning and Teaching*.

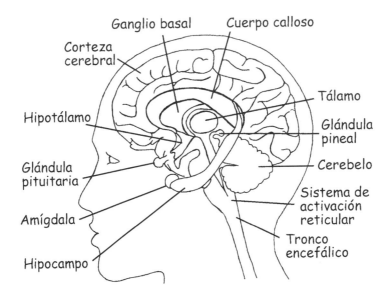

Un corte de perfil del cerebro, mostrando la relación aproximada de
los elementos claves del cerebro posterior, medio y la corteza cerebral.
Se han combinado en un solo diagrama varios cortes de perfil,
por lo tanto no es anatómicamente exacto.

poral, la presión sanguínea y la selección de la memoria de largo plazo.
Posee estaciones de comunicación para la visión y la audición, y alberga los
aparatos que filtran las emociones y determinan la intensidad de la respuesta al estrés. Damos una breve introducción a sus partes principales:[10]

El **tálamo** monitorea y filtra toda la información sensorial (excepto el
olfato) interpretando el dolor, la temperatura y el tacto. Es el centro de transmisión entre nuestros órganos sensoriales y nuestra corteza cerebral de razonamiento superior, indicando al cerebro qué es lo que está ocurriendo fuera
del cuerpo. Desde aquí la información se filtra hacia:

La **amígdala**, que refina la respuesta de "lucha y huida", regula la emoción e interviene en la memoria de largo plazo. Los estudios actuales sobre
el cerebro están desentrañando cuál es su papel en la interpretación de las

---

10 Para ayudar a tu cerebro medio: el cerebro medio reacciona ante la seguridad, la relajación y sentido de arraigamiento. Las emociones, la discusión activa, la representación de papeles (roleplay) y el debate; la música y contar historias, los juegos y el teatro, todos sustentan al cerebro medio y ayudan a la memoria de largo plazo. Sigue las sugerencias de Eric Jensen, en su libro *Brain Based Learning and Teaching*.

emociones, que a su vez determinan la atención, el aprendizaje y la memoria (más sobre este tema en la sexta sección).

El **hipocampo**, localizado cerca de la amígdala, forma y almacena la memoria de corto plazo, y junto con la amígdala convierte las experiencias importantes (signadas por la emoción) de la memoria de corto plazo a la memoria de largo plazo.

El **hipotálamo** se une al tálamo. Controla la temperatura corporal, la presión sanguínea y el apetito, el caminar y el dormir, y también juega un papel fundamental en la sinfonía de nuestras emociones. Le indica a nuestro cerebro qué está sucediendo dentro del cuerpo, y realiza los ajustes necesarios, incluyendo la respuesta al estrés de lucha y huida, al activar la glándula pituitaria. El hipotálamo puede generar placer o ansiedad en respuesta a estímulos externos. La amígdala regula aquellas emociones generadas por el hipotálamo, que de otra forma no tendrían control.

La **glándula pituitaria** es la principal del sistema endocrino. Activada por el hipotálamo, la pituitaria ordena a las glándulas endócrinas la liberación de hormonas que regulan la actividad corporal, incluyendo las hormonas de estrés que se activan cuando somos incapaces de responder racionalmente a un estresor.

La **glándula pineal** actúa como un reloj biológico, regulando nuestros ciclos diurnos y nocturnos. Se activa con la luz, y controla nuestro crecimiento y desarrollo.

El **ganglio basal**, localizado profundamente en el cerebro, conecta y coordina las funciones motoras finas de la corteza cerebral motora con las funciones motoras gruesas del cerebelo. Es fundamental para nuestros patrones de memoria basados en el pensamiento, incluidos los visuales y el habla.[11]

> En tanto puerta de entrada hacia el razonamiento cortical superior, el ganglio basal es clave en la acción intencional y consciente. Como resulta estimulado por los movimientos corporales controlados, nuestras actividades equilibradoras del cerebro-cuerpo tienen un profundo efecto sobre él.

---

[11] Carla Hannaford, *Aprender moviendo el cuerpo*, pp. 31 y 89.

La corteza cerebral: razón e introspección

La **corteza cerebral** interpreta todos nuestros sentidos y nos permite formar la memoria compleja, razonar y resolver problemas; interpretar los sonidos, las imágenes visuales; adquirir el lenguaje, comprender los símbolos, analizar la información y tomar decisiones.

¿Quéééé?

¡Estoy muy estresado como para hablar contigo ahora!

Cerebro izquierdo

Cerebro derecho

Bajo estrés, la comunicación entre el hemisferio izquierdo y el derecho se interrumpe.

La corteza cerebral está compuesta por dos mitades o hemisferios, unidos por una gruesa banda de células nerviosas y tejido conectivo llamado **cuerpo calloso**. Como muchos de ustedes saben, el lado derecho del cerebro controla el lado izquierdo del cuerpo, y viceversa.

La función de estas dos mitades es ligeramente diferente. En aproximadamente 97% de la población, el hemisferio izquierdo es lógico-lineal, y el derecho es emotivo-gestáltico (el restante 3% tiene estas funciones invertidas). En realidad, la responsabilidad de la mayoría de las tareas se comparte entre ambos hemisferios, en virtud de los flujos integrados de información que cruzan el cuerpo calloso que los conecta.

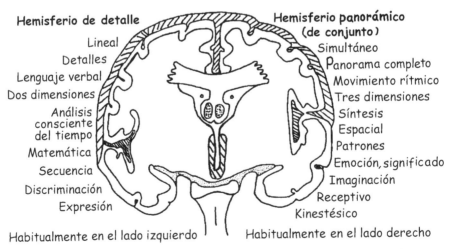

Hemisferio de detalle

Lineal
Detalles
Lenguaje verbal
Dos dimensiones
Análisis consciente del tiempo
Matemática
Secuencia
Discriminación
Expresión

Habitualmente en el lado izquierdo

Hemisferio panorámico (de conjunto)

Simultáneo
Panorama completo
Movimiento rítmico
Tres dimensiones
Síntesis
Espacial
Patrones
Emoción, significado
Imaginación
Receptivo
Kinestésico

Habitualmente en el lado derecho

Ilustración de un corte del cerebro izquierda-derecha, donde se muestran las funciones atribuidas a la corteza cerebral, del detalle y de la visión de conjunto.

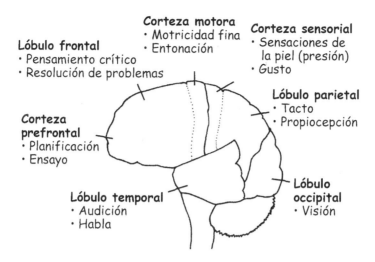

Corteza motora
• Motricidad fina
• Entonación

Corteza sensorial
• Sensaciones de la piel (presión)
• Gusto

Lóbulo frontal
• Pensamiento crítico
• Resolución de problemas

Corteza prefrontal
• Planificación
• Ensayo

Lóbulo parietal
• Tacto
• Propiocepción

Lóbulo temporal
• Audición
• Habla

Lóbulo occipital
• Visión

Ilustración del cerebro que muestra las funciones atribuidas
a los lóbulos de la corteza cerebral.

Cuando la información no fluye rápidamente a través del cuerpo calloso, experimentamos una "desintegración". Bajo estrés nos ajustamos a un perfil desintegrado de aprendizaje, y perdemos el contacto fluido con una gran parte de nuestros sentidos y cerebro no dominante. Nuestra habilidad para pensar secuencialmente se desconecta de nuestra habilidad para captar la "visión de conjunto". En el nivel corporal, literalmente la mano izquierda no sabe lo que hace la derecha, de donde resulta una coordinación deficiente.

En la corteza también delimitamos lóbulos funcionales, como vemos en el esquema de arriba. La comunicación neuronal salta entre estas zonas mientras hacemos asociaciones conscientes entre todos los sentidos, movimiento, habla, y nuestros bancos de memoria. En un estado no estresado el lóbulo frontal es responsable del pensamiento crítico y la planificación. La corteza prefrontal es el área en la que se planifica para el futuro. Es el área del cerebro que puede ser altruista, es decir, se eleva por encima de las clásicas respuestas de supervivencia que de otra manera controlarían nuestras vidas, y hacer elecciones que apuntan a un bien superior que va más allá de nuestra propia seguridad personal. El lóbulo frontal, específicamente la corteza prefrontal, es donde se toman las auténticas decisiones de vida, y es clave en la respuesta integrada del cerebro total.[12]

---

[12] Para ayudar a tu corteza cerebral: la corteza cerebral busca las asociaciones y patrones. Responde

El todo en verdad es mayor que la suma de sus partes: un modelo totalizador del funcionamiento del cerebro-cuerpo[13]

El doctor Paul Dennison, fundador de Kinesiología educativa, y Gail Dennison describen las funciones cerebrales en los términos de tres dimensiones del desempeño cerebral: el enfoque, el centraje, y la lateralidad. Los movimientos de la Gimnasia para el cerebro® de Dennison fueron diseñados para integrar todas las áreas del funcionamiento cerebral con el fin de mejorar el aprendizaje.

La dimensión de enfoque: "¿dónde estoy?"

La dimensión de enfoque consiste en la habilidad de situarnos a nosotros mismos. Según los doctores Dennison, necesitamos desarrollar las conexiones neuronales que definen nuestra ubicación en el espacio antes de que podamos determinar dónde "acabamos" nosotros y dónde "comienza" el resto del mundo. El movimiento en el espacio nos da ese conocimiento vivencial. Cuando los lóbulos frontales de la corteza cerebral están en equilibrio con el cerebro posterior, adquirimos comprensión en forma madura y, finalmente, logramos ponernos en foco, es decir, delimitar nuestra ubicación.

Para preverificar la dimensión de enfoque: haz que alguien te empuje suavemente hacia adelante ejerciendo presión en tu espalda, luego hacia atrás con una presión en tus hombros. ¿Te mantuviste firme?

En términos evolutivos, estamos refiriéndonos a: **1.** El equilibrio vestibular (oído interno); **2.** La propiocepción muscular (el circuito de retroalimentación entre cerebro y músculos), y **3.** La visión. Es mi entendimiento que los problemas de déficit de atención no son un producto primario de la corteza de razonamiento superior; más bien se producen dentro del tallo cerebral

---

a lo innovador, a la estimulación sensorial de cualquier tipo, al color, a los mapas mentales, a los viajes al campo, a la variación de patrones visuales, a la preexposición material para proveer una estructura de aprendizaje. Atiende a las sugerencias de Eric Jensen, en su libro *Brain Based Learning and Teaching*.

13 Estos conceptos verdaderamente dan vida a la Kinesiología educativa. Para un mayor y más profundo conocimiento de las tres dimensiones, te invito a tomar un curso de Gimnasia para el cerebro®. Ve la página 189 para mayor información acerca de la Fundación de Kinesiología educativa.

y el sistema de activación reticular, lo que permite el flujo hacia el córtex o corteza de la comunicación filtrada, no vigilante, necesaria para el enfoque de la atención. Los bebés establecen estas conexiones evolutivas a través del movimiento en un contexto seguro, que al principio es azaroso y después intencional.[14] En la mayoría de los casos, la habilidad para enfocarnos tiene como prerrequisito la estimulación motora y vestibular, la cual se desactiva cuando el niño es obligado a permanecer inmóvil durante el proceso de aprendizaje. Coordinar el flujo de información entre las partes frontales y posteriores del cerebro resulta indispensable para situar la nueva información en el contexto de toda la experiencia previa, y para ser capaces de actuar apropiadamente con base en las características de una situación dada. Tal es la dimensión de enfoque. Se relaciona en forma directa con la descarga de la clásica respuesta al estrés, que forma parte del reflejo del tendón de protección (ve la página 119).

Dimensión de enfoque
Frente/espalda
"¿Dónde estoy?"

Comprensión
Tronco encefálico
Actividades de estiramiento

....
Para activar estas partes del cerebro: de pie,
balancéate de adelante hacia atrás.
Estás activando tu sistema de equilibrio vestibular,
tu propiocepción muscular y tu visión,
que controlan tu ubicación en el espacio.
....

Una ayuda para tu dimensión de enfoque: actividades de estiramiento y relajación, como por ejemplo la Mecedora®, página 119; el Energetizador®, en página 120; liberación de los músculos de la pierna, página 121, el Búho®, página 142; y todas aquellas actividades que liberan el reflejo del tendón de protección, espalda y cuello.

---

14 En conversación con Marilee Boitson, señala la verdad evolucionista acerca de que el movimiento casual y reflejo del cuerpo apuntala la capa de las conexiones neuronales que al final se convierten en el circuito complejo que permite la conciencia, el orden en el cerebro y el movimiento intencional.

Dimensión de centraje
Arriba/abajo
"¿Dónde está?"

Organización
Sistema límbico-
cerebro medio
Equilibradores
electromagnéticos
y emocionales

La dimensión de centraje: "¿dónde está?"

La dimensión de centraje consiste en la habilidad de coordinar las partes superior e inferior del cerebro (desde la corteza hasta la base del cerebro), y es fundamental para nuestra capacidad de experimentar y manifestar emociones, de sentirnos seguros y bien organizados. Para que las ideas provenientes de la corteza cerebral se conviertan en acciones por medio del tronco encéfálico, necesitamos estar motivados por las emociones que surgen del sistema límbico (cerebro medio). Cuando estamos centrados, tenemos un punto fijo en nuestro cerebro-cuerpo que nos permite saber dónde estamos y dónde se localizan las cosas. Esto es clave para el sentido de lo interior y lo exterior, y del arriba y el abajo.

. . . .
Para preverificar la dimensión de centraje: de pie con las rodillas ligeramente dobladas, pide a alguien que presione con suavidad tus hombros hacia abajo, para comprobar si puedes permanecer erecto.
. . . .

Para activar esta parte del cerebro: ponte de pie, luego inclínate hacia abajo, arriba, abajo. Da un paso adelante (adentro), y un paso atrás (afuera). Adelante, atrás.

Una ayuda para tu dimensión de centraje: las actividades equilibradoras controlan el estrés y la energía, como, por ejemplo, los equilibradores magnéticos (pp. 61-65), y los equilibradores emocionales (pp. 94-97).

Una vez que sabemos dónde estamos ubicados, podemos juzgar nuestra relación con el mundo que nos rodea. Sólo entonces podemos tener acceso a nuestras habilidades corticales superiores de razonamiento, es decir, a la **dimensión de lateralidad**.

La dimensión de lateralidad: "¿qué es?"

La lateralidad es la capacidad de coordinar un lado del cerebro con el otro y resulta fundamental para las habilidades de lectura, escritura y comunicación. Esta dimensión de la experiencia se relaciona con la integración izquierda-derecha de nuestra corteza cerebral.

La **dimensión de lateralidad** define la capacidad de clasificar y hacer distinciones. Podemos preguntar "¿Qué es esto?", y responder. Comprendemos y dominamos racionalmente las consecuencias de la relación causa y efecto. La comunicación se efectúa en el campo medio, y así podemos movernos y pensar al mismo tiempo. Fluyendo libremente a través del cuerpo calloso, la información sensorial es compartida apropiadamente por los dos hemisferios cerebrales.

Dimensión de lateralidad
Derecha/izquierda
"¿Qué es esto?"

Comunicación
Corteza
Movimientos
de la línea media

- -
Para preverificar la dimensión de lateralidad: pide a alguien que te empuje suavemente primero hacia un lado, luego hacia el otro, para ver si puedes permanecer firmemente parado.
- -

Para activar esa parte del cerebro: balancéate de lado a lado, o haz movimientos laterales cruzados (ve la página 116).

Una ayuda para la dimensión de lateralidad: los movimientos laterales cruzados, como por ejemplo la Marcha cruzada, página 116; los Ochos perezosos®, página 135; Ochos alfabéticos®, página 150; la Mecedora, página 119, puntos reflejo para corregir el modo de caminar, página 118; y cualquier actividad que fomente la cooperación y la coordinación a través de la línea media del cuerpo.

Y, ¿para qué me sirve todo esto?

Toda esta información señala el hecho de que se necesita una combinación de actividades integradoras para alcanzar un desempeño óptimo en la capacidad de razonamiento superior y de comunicación dentro del cerebro. Un conjunto equilibrado de actividades distribuye mecánicamente la energía desde los centros de supervivencia del cerebro hacia el resto del cerebro. Cuando satisfaces las necesidades de todo el cerebro, corres menos riesgo de que las eventualidades de la vida determinen tu nivel de funcionamiento, y podrás alcanzar un óptimo nivel de enfoque, comprensión, creatividad y habilidad para actuar.

Los que nos dedicamos a estudiar cómo mejorar el aprendizaje y el desempeño, admiramos y agradecemos los nuevos descubrimientos científicos, dado que explican con mayor precisión por qué funcionan las técnicas que utilizamos. En síntesis, nuestras técnicas son compatibles con el cerebro y sirven para su integración total. Recuerda utilizar los equilibradores del cerebro-cuerpo que proponemos en este libro para sustentar y mejorar tu funcionamiento diario.

NOTAS

6

Equilibradores emocionales

Enojo · Antiguos miedos · Inseguridad · Estrés

"Amigo, necesitas algunos equilibradores emocionales"

El cerebro-cuerpo no distingue si algo ocurrió en la realidad o no. Nuestra "realidad", y nuestro modelo del mundo se crean con base en cómo percibimos nuestras experiencias. Las emociones liberan los patrones hormonales que activan respuestas circulatorias, musculares y orgánicas, y también determinan la memoria. Repito, el cerebro y el cuerpo reaccionan de la misma manera ante la experiencia real o imaginaria.

GORDON STOKES y DANIEL WHITESIDE,
Tools of the Trade, p. 69

¡No todo está en tu cabeza!

El comportamiento y las emociones humanas tienen una profunda raíz biológica. Investigadores como Antonio Damasio y Joseph LeDoux están comprobando que las emociones constituyen el fundamento de la toma racional de decisiones en nuestras vidas, basadas en los riesgos sociales o de supervivencia. Las emociones son percibidas como estados corporales, y por este medio la mente percibe cómo está el cuerpo.[1]

Por la tanto, las emociones parecen haberse desarrollado evolutivamente como una respuesta al contexto, para ayudarnos a sobrevivir. La sencilla afirmación de este libro: ¡Maneja la respuesta al estrés, maneja tus emociones!

Una rápida y tímida definición basada en el modelo de energía propuesto en este libro:

Emoción equivale a energía en movimiento
Emoción atorada equivale a energía atorada

Por cierto, la palabra emoción proviene del latín *emovere*, que significa agitar o excitar. Esto resulta apropiado dado que la mayor parte de nuestras emociones se asocian con alguna clase de movimiento o respuesta física instintiva. Nos reímos, lloramos, temblamos, nos sobrecogemos, peleamos, huimos. Las investigaciones sugieren que la emoción es una combinación de tres aspectos principales: **1.** Una experiencia o sentimiento interior, **2.** Una conducta de acción o reacción exterior, y **3.** Reacciones fisiológicas[2]. Ya hemos tenido una experiencia de primera mano con estos tres componentes en nuestras actividades de reflexión y toma de conciencia. Ahora sabemos que un cambio en cualquiera de estos tres factores redundará en cambios en los otros dos. Al

Me perturba emocionalmente pensar que estoy emocionalmente perturbado.

---

1   Original de Antonio R. Damasio, *Descartes' Error*, referido en Hannaford, Carla, *Aprender moviendo el cuerpo*, Editorial Pax México, p. 52.

2   Ron Van der Meer y Ad Dudink, *The Brain Pack*, Sección de la Emoción.

modificarse la emoción, se modificarán también los estados fisiológicos y el comportamiento. Al modificarse el comportamiento, se modificarán los estados emocionales y fisiológicos. Y así, la reeducación del estado fisiológico tiene el poder de modificar los estados emocionales y el comportamiento.

El sistema humano es una fábrica química, y mucho de lo que somos es resultado de las substancias de información bioquímica que "controlan las cuentas" de nuestro sistema. Los científicos han descubierto en estos neurotransmisores y hormonas a los mensajeros biológicos de la violencia, la agresión y el amor. A su vez, éstos se ven afectados por la alimentación, la herencia genética, la relación con nuestro medio ambiente, nuestro estado del ser, y nuestras elecciones conscientes. La conclusión más importante en cuanto a la responsabilidad sobre nosotros mismos es que no somos el producto inerte de ese intercambio de mensajes químicos: nosotros podemos configurarlo en forma consciente.

Las investigaciones más recientes hacen tambalear nuestras ideas acerca de la naturaleza y la localización de la emoción, que hoy vemos expandirse hasta el nivel celular a lo largo y ancho del cuerpo. En la página 104, hablaremos un poco más sobre los mensajeros químicos. Resulta de gran interés el trabajo del neurocientífico Candance Pert, descubridor del receptor opiáceo, quien llama "moléculas de la emoción"[3] a los neuropéptidos que viajan a través del sistema nervioso secundario de flujo flotante y libre que es el sistema endocrino. Antonio Damasio lo expresa con mayor sencillez: "además del viaje neuronal de nuestro estado emocional hacia el cerebro, nuestro cuerpo también utiliza un viaje químico paralelo".[4] Algo es seguro: el cerebro "emocional" ya no se encuentra confinado a la clásica localización en el cerebro medio –la amígdala, hipocampo e hipotálamo–, si bien éstas son algunas de las partes dedicadas a interpretar y procesar la emoción. Según Pert, existen otros puntos activos en el cuerpo, particularmente donde los cinco sentidos ingresan en el sistema nervioso.

El cerebro medio, sin embargo, todavía resulta clave en la interpretación y la respuesta emocional. La investigación actual sugiere que la amígdala

---

3   Recomiendo mucho el libro de Candace Pert, *Molecules of Emotion*, descubridora del receptor de los opiáceos y respetada neurocientífica, cuyas investigaciones apoyan fuertemente los abordajes mente-cuerpo para el trabajo emocional. También nos aporta una visión fascinante sobre el papel de la mujer en la ciencia y la fiera política "publica o perece" prevaleciente en la comunidad científica.

4   Antonio Domasio, *Descartes' Error*, p. 144.

decide si la información se dirige a nuestra corteza cerebral para ser considerada por el razonamiento superior o, si bajo estrés emocional va directamente al cerebelo para desencadenar la acción automática.

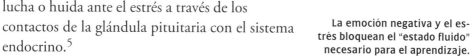

Además, la investigación sugiere que la amígdala también determina, con base en la emoción, aquello que va a decantarse en la memoria de largo plazo por medio del hipocampo, y modera al hipotálamo que, según describió Robert Sylwester, puede activar la respuesta de lucha o huida ante el estrés a través de los contactos de la glándula pituitaria con el sistema endocrino.[5]

La emoción negativa y el estrés bloquean el "estado fluido" necesario para el aprendizaje.

La emoción, entonces, define si en nuestras vidas seremos reactivos o razonables. Como ya dijimos, la emoción, según Sylwester, determina a la atención, y ésta a su vez al aprendizaje. La emoción no sólo define cómo nos sentimos, sino también cómo vivimos y funcionamos.

El tercer capítulo explora la compleja combinación de reacciones fisiológicas y psicológicas disparadas por la respuesta al estrés. La primera línea de defensa consiste en poner a punto nuestro sistema de señales eléctricas para que funcione con fluidez. El próximo paso será asegurarnos de no desencadenar la clásica respuesta al estrés que, a su vez, libera aquellos impulsos químicos y eléctricos subyacentes en nuestros patrones animales básicos de supervivencia y emociones negativas.

Entonces, lo que necesitamos ahora son técnicas que nos permitan reeducar la respuesta neuronal de nuestro cuerpo ante el estrés emocional, de modo que seamos capaces de pensar de una nueva manera más serena en las cosas, situaciones y personas que previamente "disparaban" el proceso. Requerimos de métodos para desactivar los disparadores emocionales que nos mantienen encadenados a nuestras experiencias pasadas. Hemos de preparar nuestro sistema con ensayos mentales para obtener resultados satisfactorios, preestableciendo los caminos neuronales hacia el éxito. En síntesis, debemos

---

[5] Robert Sylwester, *A Celebration of Neurons*, p. 45.

Ensayo mental: en lo que concierne al cerebro, cuando visualizas un resultado provechoso con detalle, estás estableciendo las conexiones vivenciales necesarias para lograr tu objetivo.

asegurarnos de que la energía permanezca en el lóbulo frontal de la corteza cerebral, donde una comprensión clara es posible, y donde el futuro puede evaluarse y planificarse con opciones nuevas con base en lo que ya conoce el cerebro posterior. Suena complicado, pero no hay nada más sencillo. No se requieren herramientas adicionales. Todo lo que necesitas está en la palma de tu mano.

Esta casa tiene muchas puertas

Existen múltiples líneas de trabajo para afrontar los problemas emocionales, algunas psicológicas, otras fisiológicas, conductuales o inclusive, nutricionales. Todas afirman ser métodos efectivos. De hecho, muy bien pueden serlo. Existen múltiples puertas para entrar a la misma casa, y la casa de la que estamos hablando es la de la "energía equilibrada".

Como hemos visto, nuestra experiencia emocional consiste en una respuesta fisiológica, de comportamiento y de sentimiento. Si cambia cualquiera de estos tres factores, todo el circuito se verá afectado; la experiencia emocional es trasmutada.

Recuerda que estas técnicas sirven para manejar la respuesta emocional al estrés en el momento. En el caso de los bloqueos más antiguos y profundamente arraigados, es frecuente la reactivación de respuestas inútiles y con ello la necesidad de repetir las actividades equilibradoras. Para controlar en forma permanente y a largo plazo estos patrones fuertemente arraigados puede que sea necesaria la repetición, o un proceso más exhaustivo.

Uno de los puntos fuertes del campo de la Kinesiología (Energía) especializada es

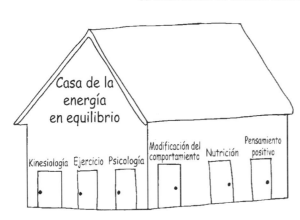

que incorpora procesos de muchas otras modalidades dentro del marco de trabajo de la autoeducación a través de la bio-retroalimentación. Te invito a explorar algunas de las opciones en detalle[6]. También te animo a explorar otras disciplinas y terapias de la mente-cuerpo[7].

Ahora, volvamos a trabajar con nuestra preverificación emocional.

Preverificación: estrés emocional

Piensa en una situación estresante que debes afrontar. Haz el proceso de toma de conciencia de las páginas 29-31 y registra las reacciones de tu cerebro-cuerpo:

Mental:

_____

_____

Física:

_____

_____

Emocional:

_____

_____

¡No está todo en tu cabeza!

---

[6] Les invito a explorar tres ramas conocidas internacionalmente de la Kinesiología especializada y sus raíces. La Kinesiología Educativa /Brain Gym® o Gimnasia para el cerebro®, así como su estilo de respeto a la individualidad de la persona, proporciona un sistema sumamente gentil de reeducación mediante el movimiento corporal. Para quienes se inclinan por un estilo más psicológico para el abordaje de los "disparadores" emocionales y la historia que está bloqueada en cada una de las respuestas emocionales, les puedo sugerir que experimenten el trabajo de *Three in One Concepts*. Para quienes se inclinen por un trabajo orientado desde el cuerpo, la Kinesiología Toque para la salud les aporta una introducción excelente para el restablecimiento del bienestar y la integridad del cuerpo humano. Para la información de cómo contactar a éstas y otras organizaciones, consulta por favor la página 191.

[7] Les remito a la sección de referencias de *Molecules of Emotion* de Candace Pert, para una maravillosa síntesis de otras disciplinas mente-cuerpo que pueden resultar de utilidad.

Actividades

¡No te preocupes!
¡Sostén tus Puntos positivos®!

Cuando te sientas bajo presión, herido o impresionado, serénate sosteniendo tus puntos de liberación de estrés emocional, también llamados Puntos positivos® en la Gimnasia para el cerebro®. La liberación de estrés emocional fue presentada por primera vez en *Touch for Health* en los años setenta, y requiere presionar los puntos que equilibran los meridianos de energía central (mental) y del estómago (digestivo).

1. Apoya la punta de tus dedos en tu frente, sobre tus cejas.

2. Tracciona ligeramente hacia arriba, mientras reflexionas sobre tu problema, ensayas un desenlace satisfactorio, o lo expresas en voz alta.

Puntos positivos®
1. Sujeta tu frente suavemente, traccionando la piel un poco hacia arriba.
2. Reflexiona sobre tu problema. ¿No es fácil? Ahora debes sentirte mejor.

La energía en tus manos es suficiente para mantener la sangre y el calor en tu cerebro frontal, y detiene la activación de la clásica respuesta al estrés (en que la sangre fluye desde el cerebro frontal hacia los centros de supervivencia posteriores). Ahora eres capaz de percibir ideas nuevas y elegir en forma creativa con base en lo que sabes, incluso cuando estés estresado.

La combinación del Ensayo mental con los Puntos positivos® crea un camino seguro hacia la excelencia. El Ensayo mental ya ha sido practicado con buenos resultados por atletas, entrenadores, educadores y psicólogos. Como ya señalamos, la nueva investigación sobre el cerebro sugiere que lo que imaginamos es tan real para nuestro cerebro como lo que vivimos en la realidad. "Pensar" activa los mismos circuitos que "hacer". Al sumar los Puntos positivos® a los Ensayos mentales, nos aseguramos de que nuestra acción imaginada se esté programando con una actividad cerebral total e integrada con el máximo poder en los lóbulos frontales.

Liberando estrés del pasado

Esta técnica puede usarse para liberar el circuito bloqueado debido a cualquier recuerdo estresante o temor. Todo lo que necesitas hacer es tocar tus Puntos positivos® mientras evocas el incidente, hasta que notes que te sientes más sereno. Luego, reestructura el resultado, imaginando tantos cambios como puedas al viejo recuerdo estresante y visualizando un desenlace positivo tan detalladamente como puedas para crear la nueva "realidad" que mereces. Invéntalo si es necesario. Posiblemente logres quebrar la invulnerabilidad del viejo recuerdo al añadir nueva información. Debilita lo malo, de manera que puedas pensar en el asunto con tu cerebro frontal, y siembra lo bueno para dejar huellas neuronales positivas de memoria.

¡Combina la liberación del estrés emocional con los Ganchos para un manejo más efectivo del estrés!

Liberando estrés del futuro

Sostén tus Puntos positivos® mientras visualizas el próximo reto –una presentación, un examen, una entrevista, una carrera (cualquier situación en la que necesites estar sereno y concentrado)–, desde el principio hasta el final. Anticipa todo lo que podría pasar, bueno o malo. Imagínate manejando todas las posibilidades con tino y gracia. La conciencia de los colores, sonidos, sabores, olores y sensaciones físicas que ocurren mientras sostienes tus puntos positivos activa más áreas del cerebro, que podrán ser incorporadas a un nuevo circuito.

Otras variantes

Para lograr un manejo del estrés emocional aún más efectivo puedes pedirle a alguien que sostenga tus Puntos positivos® mientras haces los Ganchos de Cook. Las conexiones que resultan de los Ganchos de Cook equilibran toda la energía meridiana del cuerpo: posterior-anterior, izquierda-derecha, arriba-abajo. Sostener los Puntos positivos® te garantiza que la energía se conserve en la corteza cerebral frontal, lo que te permitirá pensar mejor y resolver creativamente los problemas.

Otra variante, llamada frontal-occipital, consiste en sostener tu frente con una mano y con la otra, sostener el área de la corteza visual en la parte posterior de tu cráneo. De esta forma la energía y el calor llegan a la corteza visual primaria, el área del cerebro que debe "ver" con claridad lo que ocurre, o visualizar la mejor acción futura cuando necesitas efectuar buenas elecciones y planes (actividad del cerebro frontal). Esta variante se tomó de *Three in One Concepts*.

Otras aplicaciones

Alivio del dolor: para dolores leves, sostén el punto donde duele con una mano, y la frente con la otra. Excelente para aliviar a los niños.

Si te encuentras presionado en un examen, descansa tu frente sobre una mano mientras escribes con la otra.

Siempre recuerda tomar conciencia de las mejoras de tu estado físico y mental después del proceso, para permitir que el nuevo funcionamiento mejorado arraigue en tu cerebro-cuerpo.

Profundicemos la liberación del estrés emocional con rotaciones oculares

Combina tus Puntos positivos® con rotaciones oculares para un cambio emocional casi instantáneo. Esto actúa eficientemente sobre todo el cerebro para liberar el estrés.

Porciones muy pequeñas de memoria (color, olores, sonido, sabores, por ejemplo) se encuentran sembradas en todo el cerebro. La dirección de nuestra mirada varía cada vez que accedemos a una parte diferente de nuestro cerebro. La Programación Neurolingüística estudia en profundidad cuál es la dirección particular de la mirada para acceder a un recuerdo o función particular. El doctor Wayne Topping desarrolló un atajo, al determinar que todo lo que necesitamos hacer es una rotación completa con los ojos, la que activará todas las zonas del cerebro al mismo tiempo. Procura extender los músculos de tus ojos en todas direcciones.

1. Sostén tus Puntos positivos®. Lenta y cuidadosamente rota tus ojos en el sentido de las manecillas del reloj y en sentido contrario al menos una vez. Mantén el contacto cuando cambies de dirección. Extiende lo más posible los músculos de tus ojos. Repítelo hasta que los ojos giren con fluidez. Si surge una emoción, si sientes una tensión en el ojo o un dolor

en alguna dirección, continúa mirando en esa dirección mientras sostienes tu frente hasta que la reacción de estrés se haya mitigado.

2. Programa una rápida dosis de emoción positiva cuando la necesites. Di "Me siento:

_____

(emoción o estado del ser)" mientras sostienes tu frente y rotas tus ojos. Esto introduce la afirmación directamente en tu subconsciente y alcanza en forma eficaz a todo tu cerebro para una profunda liberación del estrés. Por ejemplo, una vez, después de estar a punto de chocar, con el corazón agitado, me fui a un lado de la calle e hice rotaciones oculares diciendo: "Me siento tranquilo" y "Me siento a salvo". Estas emociones me invadieron y a los dos minutos mi reacción de estrés se había disipado y yo estaba lista para seguir mi camino.

La combinación de las Rotaciones oculares con los Puntos positivos® te brinda una herramienta poderosa para controlar tu bienestar emocional.

Rota tus ojos 360° siguiendo el movimiento de las manecillas del reloj y luego en sentido contrario mientras sostienes tu frente. Extiende los músculos oculares tanto como puedas.

Anclar en aguas tranquilas

¡Prepárate para los mares tormentosos procurándote un puerto seguro que puedes llevar contigo! Para "anclarnos", aprovechamos el hecho de que las emociones se graban en la memoria celular del cuerpo cuando vivimos situaciones reales e imaginarias. Si entre nuestros circuitos corporales grabamos un lugar seguro o una experiencia feliz, en cualquier situación desagradable podremos infundir rápidamente un soplo de esta energía positiva, y romper el bloqueo del circuito reactivo que se dispara con la situación estresante.

1. Elige un "punto de anclaje" que puedas oprimir en público sin llamar la atención y que servirá para activar el proceso. Por ejemplo, presiona tus muslos o la palma de tus manos.

Piensa en una situación positiva. Fija la energía positiva en la memoria celular de tu cuerpo para una posterior reactivación.

2. Piensa en tu lugar favorito o tu momento feliz. Recréalo vívidamente en tu mente. Velo, huélelo, escúchalo, tócalo, saboréalo. Cuantos más sentidos actives, más partes de tu cerebro serán activadas.

3. Mientras haces esto presiona firmemente los puntos de anclaje que elegiste, de modo que sujetes tus sentimientos positivos en un circuito físico.

4. Cuando te encuentres en estado de estrés, o a punto de hundirte en él, presiona tus puntos de anclaje para que te inunde la energía positiva de manera que contrarreste el estrés y revierta la fijación de un bloqueo de circuito reactivo negativo.

Esta técnica originalmente se derivó de la Programación Neurolingüística ¡y es ideal para las entrevistas de trabajo, y para ser padres y madres tranquilos!

Verificación posterior: estrés emocional

Piensa de nuevo en tu situación estresante. Vuelve a hacer el proceso de toma de conciencia de las páginas 29 y 31, y registra si hubo mejoras en la reacción de tu cuerpo mientras visualizas tu situación emocionalmente estresante. ¿Hay alguna diferencia?

Mentalmente:

_____

_____

_____

_____

_____

Físicamente:

_____

_____

_____

_____

_____

_____

Emocionalmente:

_____

_____

_____

_____

_____

_____

La mayor parte de la gente reporta que la situación estresante ya no parece ser tan temible, y sus cuerpos se sienten aliviados del estrés vinculado a reacciones fisiológicas.

¿Qué diferencias notaste? ¿Deseas profundizar tus progresos en alguna área?

_____

_____

_____

_____

_____

_____

_____

NOTAS

7

Comunicación del cuerpo al cerebro

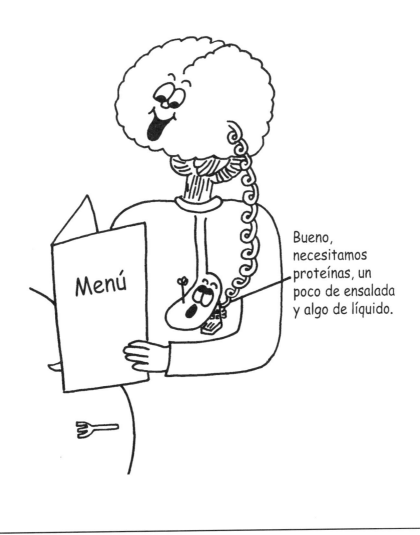

Nuestras emociones afectan a nuestra estructura; nuestra estructura afecta a nuestras emociones. Cuando cambiamos una de las partes, cambiamos la otra. Si nos sentimos entusiasmados, nuestra postura lo refleja, y si nos sentimos deprimidos, también. Las emociones crónicas y habituales que nos dominan se correlacionan con nuestra estructura. Se sabe que ciertos químicos fabricados en el cerebro y otros órganos pueden afectar las emociones, los sentidos y el pensamiento. Lo contrario también es cierto: lo que sentimos, percibimos y pensamos, a su vez afecta la química de nuestro cuerpo y origina la fabricación de ciertos químicos dentro de nosotros. Cuando cambiamos nuestras emociones, la química de nuestro cuerpo cambia.

DOCTOR JOHN THIE, "La pirámide de la salud", *Touch for Health International Journal*, 1987, p. 6.

Cómo se comunica el cuerpo

Ya hemos conversado sobre nuestro sistema nervioso, y sobre uno de los componentes del circuito de la comunicación que fluye del cerebro al cuerpo. Este capítulo se ocupará del otro lado de la cinta de Moebius: una mirada más profunda de la red comunicativa que fluye simultáneamente desde el cuerpo al cerebro. Recuerda, nuestra intención es que conozcas los conceptos que sustentan la reeducación de nuestro sistema cerebro-cuerpo

"¡Ey, se supone que tenemos que mantener las conexiones fluidas! ¡Despierta!"

para una mejor comunicación, y no el convertir este libro en un curso sobre anatomía, biología, neurología, inmunología, psicología o filosofía. Nuestra bibliografía te referirá a algunos libros maravillosos que podrán brindarte los detalles científicos y anatómicos de cómo funciona cada sistema del cuerpo.

Desde afuera: el lenguaje del cuerpo

Nuestro cuerpo es el reflejo externo de nuestro estado interior. Llamado "lenguaje corporal" por algunos, intuitivamente todos podemos descifrar cómo se sienten las otras personas según el posicionamiento de sus cuerpos, sus miradas, sus gestos y expresiones. De la misma manera, si adoptamos deliberadamente la postura corporal particular correspondiente a un estado específico, podemos modificar nuestro estado emocional. Haz este experimento:

Párate. Encorva tu cuerpo en una postura depresiva, inclinándote pesadamente hacia el suelo. Deja que tu cara y tu voz sollocen, mientras dices en un tono triste: "Nunca me he sentido más feliz en toda mi vida, tengo ganas de bailar". Suena ridículo, ¿no? Casi imposible de decir sin empezar a sonreír.

Ahora párate muy derecho. Alza tus brazos en la postura clásica de ¡victoria! Sonríe y di con entusiasmo: "Me siento tan deprimido, no vale la pena vivir". Otra vez, suena ridículo decir eso en una postura positiva.

Ahora, una vez más, adoptando de nuevo la postura positiva de triunfo, di alegremente: "¡Sí! ¡La vida es magnífica!" Siente la vitalidad y la fuerza al combinar el pensamiento con una actitud corporal, movimiento y sonido positivos.

La investigación ha demostrado que la postura corporal altera la temperatura del cerebro, que a su vez altera la velocidad de las emociones, perspectivas y reacciones químicas del cuerpo. En un experimento referido en *The Brain Pack*, un grupo de sujetos debían calificar la comicidad de unos dibujos animados mientras sostenían un lápiz entre sus labios o sus dientes. Si sostenían el lápiz con los dientes, estaban obligados a sonreír. Si lo sostenían con los labios, estaban obligados a fruncir la boca. Aquellos que sostuvieron el lápiz con los dientes encontraron los dibujos animados mucho más cómicos.[1]

Conoce a tus mensajeros químicos

Los investigadores están llegando a la conclusión de que sólo un pequeño porcentaje de la comunicación neuronal ocurre en el espacio sináptico entre las neuronas. En su libro *Molecules of Emotion*, Candance Pert da cuenta de este nuevo paradigma de la comunicación cerebro-cuerpo. Las sustancias informativas –un término acuñado por Francis Schmitt del MIT para describir una variedad de moléculas mensajeras (neurotransmisores, péptidos, hormonas, etcétera)– se fabrican en las células de todo el cuerpo, no sólo en el cerebro. Junto al modelo convencional del circuito neuronal sináptico, Schmitt propuso un sistema paralelo parasináptico, o sistema paralelo secundario, donde las sustancias químicas informativas pueden a veces actuar como neurotransmisores, pero que viajan más probablemente en el espacio extracelular, en la sangre y en el fluido cerebro espinal,[2] buscando sus receptores específicos en el cerebro y en los órganos del cuerpo, comunicando y activándose lejos de su punto de origen.[3] Éste es otro ejemplo de la comunicación de dos vías entre el cerebro y el cuerpo.[4]

---

1   *The Brain Pack* de Ron Van der Meer y *Sección de la emoción* de Ad Dudink; *Blowing your Top* y *Cooling Off*.

2   Candace Pert, *Molecules of Emotion*, pp. 26-27.

3   *Ibid*, pp. 139-140.

4   La investigación de Pert apoya su tesis de que los "neuropéptidos y sus receptores se unen al cerebro, las glándulas y el sistema de inmunidad en una red de comunicación entre el cerebro y el cuerpo, lo cual representa probablemente el sustrato bioquímico de la emoción" (Pert y Ruff,

En resumen, los investigadores de hoy sugieren que todos los sistemas –nervioso, inmunológico y endocrino– se comunican y reaccionan el uno con el otro, afectando y siendo afectados por la emoción. Los mensajeros no se originan solamente en el cerebro, sino también en diferentes áreas del cuerpo.

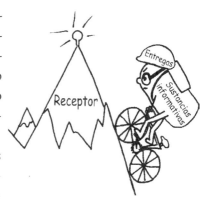

Las sustancias informativas pueden buscar su propio camino para llegar a sus receptores específicos.

Repetimos lo dicho en la introducción, los movimientos corporales definitivamente incrementan la fabricación, equilibrio y transportación de las sustancias informativas y el flujo de la energía sutil en nuestro cuerpo. La producción de endorfinas se activa con el movimiento, como lo confirma el famoso "éxtasis de los corredores". El movimiento lateral cruzado lento favorece la fabricación de dopamina[5] en el lóbulo frontal (afectando nuestra habilidad para ver patrones y aprender más rápido), el área límbica (que controla nuestras emociones) y el ganglio basal (el movimiento intencional) en el cerebro.

Nuestro sistema motor

La corteza motora es nuestro puente hacia el lóbulo frontal de razonamiento superior. Una de las primeras partes del cerebro estimuladas por el movimiento corporal grueso es el ganglio basal. Robert Sylwester, en su libro *A Celebration Of Neurons*, refiere un modelo triple de nuestro sistema motor. Primero, diversas partes del cerebro, especialmente los lóbulos frontales, participan en los procesos de pensamiento y de planificación que conducen al movimiento intencional. Segundo, las acciones conscientes de empezar, caminar y detenernos se procesan principalmente en el ganglio basal, en donde la intención consciente se convierte en movimiento. Tercero, nuestro cerebelo, en la parte posterior inferior del cerebro, se encarga de las accio-

revista de Inmunología, 1985, tal como lo cita en *Molecules of Emotion*, p. 178). Parece correcto asumir que este sistema de información química funciona durante la respuesta clásica del estrés, disparando los cambios fisiológicos en los sistemas endocrino, digestivo, respiratorio, cardiovascular e inmune, tanto como resultado y causa del cambio en la experiencia emocional.

5   Richard S. Snell, *Clinical Neuroanatomy for Medical Students*, Little Brown & Co. Inc., Boston, 1980, pp. 66, 67, 69.

El movimiento estimula la producción de los mensajeros del bienestar en nuestro cuerpo.

nes de rutina del caminar, por ejemplo, una vez que la acción se ha comenzado en forma consciente. Nuestro ganglio basal (junto con otras áreas cerebrales) va a monitorear el trayecto, y retomará el control de la navegación cuando algún nuevo obstáculo lo haga necesario.[6] Siempre estamos saltando entre el automático, el movimiento conocido y la intención consciente. Pero para comenzar a movernos necesitamos un ganglio basal activo. Primero aparece el movimiento, en la misma forma que un bebé se mueve azarosamente al principio, sembrando los patrones neuronales que más tarde soportarán a los sofisticados circuitos de activación consciente.

El movimiento de los músculos principales estimula el Sistema de Activación Reticular, la señal que avisa al cerebro que hay nueva información sensorial. En muchos casos de problemas en el aprendizaje existe un desarrollo neuronal deficiente, tejido dañado o una respuesta al estrés que hace que los mensajes pasen incompletos por el tronco encefálico y el Sistema de Activación Reticular. Los kinesiólogos especializados emplean procesos específicos de reprogramación para estimular el desarrollo o el restablecimiento de las conexiones de comunicación adecuadas en todo el cerebro.

En términos evolutivos, el sistema vestibular (del equilibrio del oído interno) es fundamental. Es el sistema (el oído) que se desarrolla primero. Ya se encuentra completamente mielinizado a los cinco meses de gestación, mientras que la vista no se desarrolla por completo sino hasta los ocho meses después del nacimiento, y la coordinación entre los dos ojos no se establece antes de los ocho años de edad. No quisiéramos ponernos demasiado filosóficos en este libro, pero debemos señalar que la nueva ciencia postula que existiría un campo vibracional informativo que impregna y resuena con el organismo humano. El "laberinto" en el oído interno está diseñado para captar esta vibración. Nuestras células receptoras en el cerebro y el cuerpo

---

6　Robert Sylwester, *A Celebration of Neurons*, p. 69.

también vibran para atraer información, y tienen un papel fundamental en nuestra comunicación con el mundo exterior. Todo lo que las estimula nos ayuda: por eso resulta beneficioso el movimiento corporal que active el sistema vestibular.

Los niños instintivamente saben qué es bueno para ellos: activan su sistema vestibular al gatear, correr y saltar, reconstruyendo el tejido dañado y activando el sistema de equilibrio. Jean Ayres, autora de *Sensory Integration and the Child*, subraya que la estimulación táctil y vestibular (el tacto y el equilibrio) es fundamental para un desarrollo saludable. Los niños que sufren de un déficit en la atención necesitan muchísima estimulación vestibular (como señalamos al hablar de la Dimensión de Enfoque). Como veremos más adelante con detalle, tocar también es muy importante, sobre todo en las manos y la cara, donde existen infinidad de redes nerviosas.

La corteza motora es el puente hacia el razonamiento superior del lóbulo frontal. Entonces, si quieres pensar mejor ¡empieza a moverte!

Como ya expusimos en el primer capítulo, los kinesiólogos especializados trabajan con un modelo de energía muy sencillo, según el cual un "estado del ser" atorado –que se manifiesta como bloqueo mental, físico o emocional (o los tres)–, se refleja en el cuerpo como un desequilibrio en la energía sutil y en la comunicación, muchas veces en forma de una respuesta muscular rígida.

Por último, ¡cómo se comunica un músculo!

Un circuito muscular limpio se comunica instantáneamente con el cerebro, tensándose o relajándose oportunamente. Por ejemplo, cuando das un paso con tu pierna derecha, tu cuadriceps, en el frente de tu muslo, se contrae.

El esquiotibial, el músculo en la parte posterior del muslo, se relaja. En tu pierna izquierda ocurre lo contrario: se tensa el esquiotibial y se relaja el cuadriceps. Cuando la pierna izquierda se adelanta para dar el próximo paso, instantáneamente el orden se invierte. Ésta es nuestra manera de caminar, uno de tantos circuitos automáticos hechos para permitirnos funcionar fácil y eficientemente sin pensar en ello.

Un circuito estresado no puede permanecer activado, o no puede desactivarse. Si el mensaje se confunde a causa del estrés o del trauma, los circuitos automáticos no se disparan en forma adecuada y nos cansamos o sentimos dolor.

Siente la comunicación cerebro-músculo

Siéntate en una silla y levanta una pierna con la rodilla doblada, mientras la otra pierna se apoya en el suelo, y sostenla. El músculo que levanta a tu pierna es el cuadriceps. Con tu mano empuja hacia abajo en el centro del muslo para ver si tu músculo está "encendido" (capaz de resistir la presión). Lo más probable es que resista.

Ahora relaja ("apaga") el músculo pellizcando suavemente hacia la parte ancha del músculo, a lo largo de las fibras del mismo (ve el dibujo, abajo). Presiona. Ahora vuelve a empujar con tu mano hacia abajo sobre el cuadriceps, con la misma fuerza que antes. ¿Ceden tus músculos?

Levanta firmemente la pierna y empuja con tu mano hacia abajo sobre el muslo para comprobar que el músculo está "encendido".

En el vientre del músculo existen unos pequeños propioceptores o células llamadas **husos neuromusculares**. Su trabajo es avisar al cerebro si un músculo está demasiado contraído o demasiado relajado. Al oprimirlas una contra otra, enviaste al cerebro un mensaje instantáneo que dice "¡demasiado apretadas!", y el cerebro respondió con la orden de distender (relajar) el músculo, "apagándolo" momentáneamente. Un músculo normal se restablecerá rápidamente, pero prueba "encenderlo" otra vez.

Levanta tu pierna una vez más, pero ahora tonificarás el músculo usando las dos manos para jalar hacia afuera del vientre del músculo, a lo largo de la fibra muscular (ve el dibujo, p. 109). Otra vez empuja tu pierna hacia abajo con la mano sobre el muslo, con la misma fuerza. Al pellizcar hacia los extremos del músculo, el mensaje enviado fue: "¡Fibras demasiado flojas!" Tu cerebro respondió contrayendo instantáneamente el músculo, volviéndolo fuerte otra vez.

¡Felicitaciones! Manipulaste un músculo y recibiste una medición funcional del cerebro y el sistema nervioso central: bio-retroalimentación vía verificación muscular.

Para aquellos que no obtuvieron la respuesta esperada, beban un vaso de agua y repitan el proceso oprimiendo más o empujando hacia abajo con más fuerza. Si aun así no aparece la respuesta esperada, puede que exista una comunicación inadecuada entre ese músculo y el cerebro. No te preocupes, aunque si deseas investigar un poco más, puedes contactar a un kinesiólogo o profesional de la salud[7], ya que la fluidez del movimiento siempre señala una comunicación clara entre músculos y cerebro.

Verificación muscular: bio-retroalimentación de baja tecnología

Los kinesiólogos especializados consideran la verificación muscular como un medio extraordinario y sencillo para recibir bio-retroalimentación. Hasta 95% de la información de nuestro cuerpo es inconsciente, y la verificación muscular nos conecta con este nivel, brindándonos una medición del estrés o del no estrés que proviene directamente del cerebro y del sistema nervioso central. Los músculos tienen su propia inteligencia y es provechoso emplear la verificación muscular para asegurarnos de que su inteligencia se comunica eficientemente con el cerebro; también permite leer los estados de sobreenergía o subenergía a través de

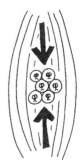

Para sedar un músculo: aprieta hacia adentro en el vientre del músculo. La célula llamada huso neuromuscular dice "¡demasiado apretado!", y el cerebro relaja el músculo.

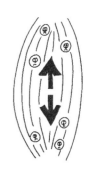

Para tonificar un músculo: jala hacia afuera desde el vientre del músculo. Los husos neuromusculares separados envían el mensaje "¡demasiado sueltos!", y el cerebro tonifica el músculo.

---

7 Ustedes también pueden optar por buscar a un practicante de rastreo electrodermal que use sistemas de Biorretroalimentación de Alta Tecnología para analizar al sistema.

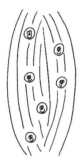

Los husos neuromusculares están tranquilos hasta la próxima oportunidad en que necesiten hablarle al cerebro.

indicadores musculares. La verificación muscular utilizada de manera apropiada resulta particularmente útil para señalar bloqueos de los circuitos energéticos en el aprendizaje.

Igual que como revisaste el funcionamiento del cuadriceps, puedes hacerlo con otros músculos, lo que te brindará información sobre cómo cada músculo y órgano sensorial están respondiendo en una tarea determinada. Puedes realizar movimientos específicos que reeduquen a los "rebeldes", para que te ayuden a obtener un mejor rendimiento o para aliviar el dolor. Por ejemplo, si bien la técnica de oprimir los músculos parece muy simple, puede tener efectos muy profundos, como relata esta historia:

Tras una conferencia que di en una nave crucero, durante la cual el público realizó este mismo experimento con el cuadriceps, una mujer se acercó a mí corriendo con expresión feliz. Había abandonado la sala, bajando las escaleras se dio cuenta de que algo era distinto: su dolor crónico de rodilla, por el cual se había operado, ¡había desaparecido! No siendo médico, lo único que puedo suponer es que trabajar con el cuadriceps de esa manera fue suficiente para corregir algunas confusiones en los circuitos del caminar, y esta reprogramación modificó la forma en que los cuadriceps sostenían sus rodillas. ¿No sería maravilloso que fuera tan sencillo para todos? Nadie puede decir que no lo sea hasta que no se abra a la posibilidad de las soluciones simples. Una clase de Toque para la salud y/o una consulta con un profesional de la salud que manipule o movilice las articulaciones trabadas puede resultar en una mejora notable de la postura, la alineación y el desempeño del cuerpo. Mientras tanto, las actividades integradoras en la sección que sigue te mantendrán en forma.

8

Equilibradores cerebro-cuerpo

Desarrollamos nuestras conexiones neuronales en respuesta directa a las experiencias de nuestra vida. Al aumentar nuestras habilidades, aumenta también nuestro potencial cerebral. Cuando crecemos, al movernos, al aprender, las células de nuestro sistema nervioso se conectan en patrones neuronales cada vez más complejos. Estos patrones se organizan y desorganizan a lo largo de toda la vida, dando lugar a una mayor capacidad de recibir los estímulos externos y realizar la miríada de tareas que corresponden a la vida humana.

Doctora CARLA HANNAFORD,
Aprender moviendo el cuerpo.

Muévete y conéctate

Puede que nos hayamos preparado para progresar en nuestra vida en los aspectos eléctrico y emocional, pero, ¿el cuerpo será capaz de seguir el ritmo? ¿Nos ayudará con un movimiento normal, fluido y libre?

Recuerda que en situaciones de estrés manifestamos toda clase de cambios fisiológicos que impactan al cerebro-cuerpo y nuestra facilidad de movimiento. Regresamos al patrón de organización del cerebro conductor, perdiendo el poder de usar el cerebro completo para tomar buenas decisiones y para gozar de una coordinación y desempeño óptimos. Los circuitos de estrés atorados nos ponen en piloto automático, con maneras condicionadas de responder bien inculcadas y mielinizadas, pero que lamentablemente son muy poco deseables. Aparece la respuesta defensiva del tendón (tensión en la parte posterior del cuerpo, desde el cuello hasta los tobillos, ya que nos prepara-

¿Te resulta fácil o difícil pensar y realizar actividades al mismo tiempo?

mos para "pelear o huir"). Nuestra respiración se vuelve superficial, persiste la tensión en la mandíbula y puede presentarse dolor de cabeza crónico, entre otros síntomas vinculados al estrés.

Podemos desear y aspirar conscientemente a una respuesta integrada y organizada de todo nuestro cuerpo, pero muchas veces resulta necesario reentrenar al cerebro-cuerpo para que abandone aquellos antiguos patrones automáticos. Las próximas actividades se ocuparán de reeducar la red comunicativa de nuestro cuerpo, con la esperanza de regresar a nuestro óptimo funcionamiento, permitiéndonos "hacer" y "pensar" al mismo tiempo.

La repetición profundiza la integración neuronal. A diferencia de los aeróbicos cuyo lema en relación con los músculos es "si no se usa se atrofia",

Recuerda que el sándwich de información sirve para identificar áreas que necesitan mejorarse y para asegurar esa mejoría.

en el caso de las técnicas para la integración cerebral pasa lo opuesto: cuanto más practicas, estableciendo así más y mejores redes neuronales, menos necesitas seguir practicando para mantenerlas. Realiza las siguientes actividades equilibradoras en modo lento y consciente. Tal vez quieras revisar la página 26 para volver a familiarizarte con el concepto del sándwich de información, y la función de la pre y la postverificación. No hay problema si pasas directamente a las actividades.

Preverificación: cuerpo-cerebro

❏ Piensa en una actividad para la que desees un mejor funcionamiento cerebro-cuerpo. (Por ejemplo, jugar mejor al tenis).

❏ Actúala usando todo tu cuerpo (es decir, haz tu saque de pelota). Luego realiza la Marcha cruzada en el lugar, moviéndote con brazo y pierna opuestos (en la próxima página verás qué es lo que activa esta marcha).

❏ Realiza las actividades de toma de conciencia que has aprendido (especialmente páginas 29 y 31). Registra cómo se siente y reacciona tu cuerpo.

_____

_____

_____

_____

_____

_____

_____

_____

Si tu cuadriceps respondió apropiadamente en el ejercicio con los husos neuromusculares de la página 108, puedes seguir el mismo proceso para obtener una lectura del estado de tus músculos relacionada con cualquier situación de estrés que requiera coordinación corporal.

Verifica si hay "tensión" o "relajación". Si el resultado difiere de tu experiencia anterior, significa que existe una confusión neurológica en tus músculos debido al estrés asociado con la situación que te estresa.

¿Cómo es tu coordinación? Toca tu oreja contraria y la nariz, luego cambia de manos rápidamente.

Piensa en tu actividad, y otra vez actúala. Siéntate, y haz una verificación de tus cuadriceps:

1. Levanta tu pierna y mantén la postura mientras empujas el muslo hacia abajo. Tu pierna debería sostenerse.
   ❑ Resiste   ❑ Se relaja

2. Oprime el vientre del músculo, y empuja hacia abajo otra vez. El músculo debería relajarse.
   ❑ Resiste   ❑ Se relaja

3. Jala del vientre del músculo hacia los tendones y vuelve a verificar. El músculo debería volverse fuerte otra vez.
   ❑ Resiste   ❑ Se relaja

Registra las diferencias:
   ❑ No resiste cuando debería.
   ❑ No se relaja cuando debería.

Verifica tu coordinación: sujeta tu nariz con la mano izquierda y tu oreja izquierda con la mano derecha. Ahora cambia: la mano izquierda sujeta la oreja derecha, y la mano derecha sujeta la nariz. Cambia de nuevo. Y otra vez. ¿Te sientes confundido? ¿Pensar y hacer al mismo tiempo te resulta fácil o difícil?

Actividades

Marcha cruzada: un primer paso hacia la integración cerebro-cuerpo

La técnica de la Marcha cruzada de *One Brain* es fácil de aprender y activa (y en algunos casos restablece) la comunicación entre los dos hemisferios y todo el cuerpo. Trabaja estimulando al cerebro para que salte del modo integrado de procesamiento (bilateral), por medio de la Marcha cruzada (bilateral), al modo de procesamiento en paralelo (un solo lado), por medio de la Marcha unilateral®. Aplícalo cuando te resulte difícil pensar y hacer al mismo tiempo.

Cada hemisferio cerebral controla la mitad opuesta del cuerpo. Entonces, al mover intencionalmente el brazo y la pierna opuestos al mismo tiempo cruzando la línea media del cuerpo, activamos ambos hemisferios a la vez, creando y mielinizando mejores conexiones neuronales en el cuerpo calloso. Este movimiento cruzado estimula al cerebro en su totalidad: el sistema vestibular (equilibrio), el sistema de activación reticular (la llamada de atención para el cerebro), el cerebelo (movimiento automático), el ganglio basal (movimiento intencional), el sistema límbico (equilibrio emocional) y los lóbulos frontales (razonamiento). Como ya señalamos, el movimiento cruzado lento también incrementa los niveles de dopamina en el cerebro (con lo que aumenta nuestra habilidad para ver patrones y aprender más rápido).

Luego, cuando movemos la pierna y el brazo de un mismo lado, afianzamos las imbricaciones neuronales que garantizan nuestra capacidad para cambiar fácilmente y acceder con fluidez a cada hemisferio en forma individual, según sea necesario. El objetivo es no "atorarse" nunca en ningún patrón de comunicación cerebral. ¡La clave son las conexiones múltiples y la flexibilidad instantánea!

Principio

Final

1. Haz una serie de Marcha cruzada, moviendo al mismo tiempo la pierna y el brazo opuestos.

2. Cambia a una serie de Marcha unilateral (se mueven al mismo tiempo brazo y pierna del mismo lado).

3. Alterna las series 6 o 7 veces.

4. Siempre termina con la Marcha cruzada.

Si tienes alguna incapacidad física, puedes practicar esta técnica sentado o acostado, haciendo movimientos pequeños.

1. Comenzamos con un Marcha cruzada. Lleva lenta y deliberadamente el brazo derecho, cruzando la línea media del cuerpo, hasta tocar la pierna opuesta que se eleva (muslo izquierdo). Volvemos a la posición inicial y ahora extendemos lentamente el brazo opuesto (izquierdo) para tocar el muslo derecho. Haz seis o siete pares (una serie) de Marcha cruzada, con movimientos lentos y controlados y hombros relajados. Fíjate si te resulta fácil y automático, o si te requiere mucho esfuerzo consciente y atención.

Si tienes una incapacidad física puedes practicar esta técnica sentado o acostado, realizando movimientos pequeños.

2. Cambia a la Marcha unilateral. En forma controlada levanta al mismo tiempo la pierna y el brazo del mismo lado, y bájalos. Imagina que eres una marioneta sujeta por cuerdas. Haz seis o siete pares (una serie). Esto hace que trabaje un hemisferio por vez. ¿Requiere de tu intención consciente o lo haces sin esfuerzo?

3. Alterna entre una serie de Marcha cruzada y una de Marcha unilateral, seis o siete veces hasta que notes que cambias sin esfuerzo. *Siempre* termina con la Marcha cruzada. Nuestro objetivo es que la Marcha cruzada salga de forma automática (es decir, que puedas cruzar la línea media del cuerpo aunque no estés pensando en ello), y que a la vez te resulte fácil cambiar a la Marcha unilateral, una condición necesaria para el procesamiento de nueva información.

Existen muchas variantes (como tocar el talón opuesto tras tu espalda) para no aburrirte, y hasta puedes oír música cuando el proceso se haya automatizado.

Para algunas personas resulta estresante usar ambos lados del cuerpo y del cerebro al mismo tiempo. Habitualmente esto se explica por la respuesta al estrés que nos lleva a funcionar con un patrón organizacional específico de cerebro dominante vinculado a un estresor particular.

Si este movimiento te resulta difícil, es una señal cierta de que nuestras actividades para el cerebro-cuerpo pueden ayudarte mucho a mejorar las conexiones neuronales en el cuerpo calloso. También una sesión con un kinesiólogo especializado te será de gran utilidad para reconfigurar tus patrones cerebrales más profundamente.

El Marcha cruzada te ayuda a memorizar información. También puede emplearse como una "limpieza" integradora. Mientras alternas entre la Marcha cruzada y la Marcha unilateral, piensa en una situación estresante (una presentación, un examen, un encuentro, etcétera) y luego usa expresiones positivas que te ayudarán a manejar el estrés (ejemplos en las páginas 172 y 173).

Puntos reflejo para corregir el modo de caminar

Equilibrado c/c

¡Ésta es una manera maravillosa de empezar tu día! La estimulación de los "botones" para corregir el modo de andar te ayudará a coordinar los movimientos y el equilibrio corporal al caminar, es decir, el mecanismo que dirige el desplazamiento natural de la pierna y el brazo opuestos referido en la Marcha cruzada. Este reflejo del caminar, tan usado, se ocupa de garantizar que cuando adelantamos la pierna izquierda la acompañemos con nuestro brazo derecho, al tiempo que la pierna derecha y el brazo izquierdo van hacia atrás. También tenemos reflejos de caminata hacia los lados y hacia atrás, responsables de nuestra coordinación y gracia cuando caminamos hacia los lados o hacia atrás. Los puntos para corregir el modo de andar también estimulan los circuitos de energía meridiana que llegan al cerebro. Activar los puntos para corregir el modo de andar es sencillo:

1. Masajea firmemente los puntos sobre tu pie justo bajo el nacimiento de los dedos, entre los huesos metatarsales (que serían los nudillos de tus pies, si los pies tuviesen nudillos). Al principio puede que estos puntos estén muy sensibles al tacto. Sólo masajéalos levemente, aumentando la presión cuando sientas que la molestia cede.

2. Continúa masajeando los puntos debajo y en los lados de tus pies.

Recuerda, estás estimulando un número de puntos esenciales de reflejos e integrando tu cerebro-cuerpo para caminar, moverte, hacer deporte y aprender. ¡Estás dando un verdadero paso adelante! La actividad de los puntos para corregir el modo de andar proviene de *Touch for Health*, del Doctor John Thie.

Hablando de pasos y pies, dale un buen masaje a tu pie para estimular tu propiocepción de la gravedad y el equilibrio. Una forma fácil de hacerlo es poner una pelota de tenis bajo un pie mientras te paras sobre el otro pie y la haces rodar. Cambia de pie y repítelo.

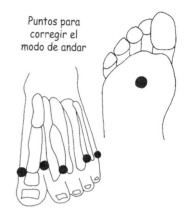

Puntos para corregir el modo de andar

Masajea tus pies firmemente durante 15-20 segundos en los puntos donde nacen los dedos, entre los huesos y los costados, y la planta del pie, como se ve en el dibujo.

Liberación del reflejo del tendón de protección

Parte de la clásica respuesta al estrés consiste en tensar los músculos de la parte posterior de tu cuerpo, desde el tendón de Aquiles en el tobillo hasta el extremo superior de tu columna y tu cabeza para la reacción de "lucha o huida". Esto puede provocar una pérdida de flexibilidad. La tensión puede liberarse mediante actividades que estiren nuestras piernas, hombros, columna, abdomen y músculos dorsales. Liberar el reflejo del tendón de protección equilibra nuestro cerebro y tiene efectos sobre nuestras reacciones emocionales y mentales ante el estrés. La flexibilidad de la columna, metafóricamente, representa la propia habilidad para adaptarse, de doblarse en lugar de romperse. Una espalda flexible también facilita el flujo del fluido cerebro-espinal, como veremos en las siguientes actividades.

La mecedora (bombeo sacro-espinal)

Equilibrador c/c

¿Creerías que balancearte suavemente hacia adelante y hacia atrás sobre tus glúteos (hueso sacro) puede ayudar a tu cerebro? ¡Es cierto! Tu sacro es la "bomba" del fluido cerebro-es-

La mecedora
Siéntate sobre tus glúteos y muévete suavemente en círculos.

pinal que asciende por tu sistema nervioso central hasta tu cerebro. Este fluido transporta nutrientes, hormonas y neurotransmisores. También se lleva las toxinas del sistema nervioso central y enfría el cerebro. La presión de mecerse mantiene el mecanismo flexible.

(Sé responsable por ti mismo: si tienes algún problema en la espalda, adapta esta actividad moviéndote simplemente sobre una silla.)

1. Siéntate en el suelo. Apoya tus manos detrás de tu cadera con los dedos apuntando hacia adelante.

2. Con suavidad levanta los pies del suelo y muévete hacia atrás y adelante, sobre tus glúteos, protegiendo tu hueso sacro. Mécete de adelante hacia atrás, y también en círculos, hasta que te sientas menos tenso.

El mecerte sobre tus glúteos ayuda a deshacer cualquier rigidez de las vértebras después de estar sentado mucho tiempo, y es beneficioso para la coordinación corporal en general. Cuando sientas que tienes que mecerte en tu silla, no lo reprimas: ¡hazlo! Esta actividad se encuentra en Gimnasia para el cerebro® (la Mecedora) y en Hipertón-X.

El energetizador®

Esta actividad libera a la columna, el abdomen y los múscu-los dorsales, y puedes practicarla fácilmente y sin riesgos en tu escritorio. Mantiene a la espalda elástica, flexible y relajada, eliminado cualquier rigidez en las vértebras.

Equilibrado c/c

1. Apoya las manos sobre la mesa y descansa tu cabeza entre ellas, curvando tu columna. Expulsa todo el aire y toda la tensión.

2. Mientras inhalas, empuja tu cuello hacia adelante (imagina que empujas una pelota con tu nariz) levantando suavemente la cabeza, primero la frente, seguida de tu cuello y la parte superior de tu cuerpo. Tus hombros y la parte inferior de tu cuerpo permanecen relajados. Estira la espalda, alargándola, vértebra por vértebra.

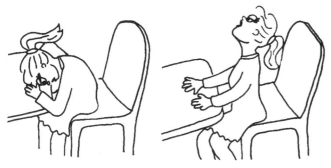

El energetizador®

1. Inclínate hacia adelante, la cabeza entre tus manos.

2. Mientras inhalas, empuja tu cuello hacia adelante, levantando suavemente la cabeza, curvando y alargando tu espalda.

3. Exhala mientras recomienzas, llevando tu mentón al pecho para alargar la parte posterior de tu cuello.

3. Exhala mientras recomienzas el proceso: inclinando la cabeza hacia adelante hunde tu mentón en el pecho para alargar la parte posterior de tu cuello; con un movimiento fluido empuja tu cabeza hacia adelante otra vez, repitiendo el proceso varias veces.

El energetizador fue desarrollado para Gimnasia para el cerebro®.

Liberación de los músculos de la pierna

Te presentamos otra actividad, esta vez de *One Brain*, que sirve para reeducar la respuesta del tendón de protección, relaja el tronco encefálico y extiende el rango de tus movimientos.

1. Flexiona y levanta la rodilla tan alto como puedas, llevándola hacia tu pecho. Registra el rango de movimiento que permite el músculo en la parte posterior del muslo.

2. Ahora jala vigorosamente del tendón de Aquiles detrás del tobillo, entre el pie y la pantorrilla (ve el dibujo). Para una mayor relajación, el mismo músculo de la pantorrilla puede presionarse hacia adentro siguiendo la dirección vertical de las fibras musculares. Como en la activación de los husos musculares, se enviará al cerebro el mensaje de que relaje esos músculos.

Liberación de los músculos de la pierna

1. Presiona el músculo, la parte posterior del muslo detrás de tu pierna, justo arriba de la rodilla.

2. Presiona tu tendón de Aquiles, ¡y flexiona el pie al mismo tiempo!

3. Después, jala del músculo en la parte posterior del muslo donde encuentres dos puntos de inserción detrás de la rodilla, unos centímetros hacia el glúteo.

4. Vuelve a levantar la rodilla y nota si tu pierna puede elevarse más con comodidad. Repite el proceso hasta que notes una mayor flexibilidad. Sigue los mismos pasos con la otra pierna.

Relajamiento de cuello y hombros

El cuello es una de las principales víctimas del estrés. Más tarde hablaremos del cuello en relación con el oído, pero comencemos por un relajamiento sencillo.

Relajamiento de cuello y hombros

1. Deja caer tu oreja izquierda suavemente hacia tu hombro.

2. Lleva tu brazo derecho a tu espalda para incrementar el estiramiento del lado derecho de tu cuello.

1. Deja que tu oreja izquierda caiga con suavidad sobre tu hombro izquierdo, hasta donde puedas hacerlo sin esforzarte. Tus brazos descansan con naturalidad a ambos lados.

2. Lleva tu brazo derecho a tu espalda para aumentar la extensión en los músculos a la derecha de tu cuello. Respira profundamente mientras sostienes esta posición por al menos 30 segundos. Repite del otro lado.

3. Deja caer suavemente la cabeza sobre el pecho. Rota con suavidad la cabeza en un pequeño semicírculo de un hombro al otro. Sostén la extensión durante unos segundos en algún punto donde sientas mayor tensión.

El cuello es muy vulnerable; nunca hagas una rotación completa del cuello en un círculo, ni movimientos bruscos. Siempre muévelo suavemente.

Deshazte de la tensión y el dolor de cabeza

Los dolores de cabeza por tensión muchas veces ocurren cuando el estrés emocional debilita los músculos en el frente del cuello, lo que a su vez provoca que los músculos de la parte posterior del cuello se sobrecontraigan. Para reequilibrar esta energía corporal bloqueada, familiarízate con estos puntos de masaje neurolinfáticos (*Touch for Health*). Si están doloridos, frótalos suavemente, aumentando la presión hasta que el dolor ceda.

Puntos del dolor de cabeza

1. Puntos posteriores: donde la nuca se une al cráneo.

2. Puntos anteriores: bajo las clavículas, a mitad de camino hacia los hombros, en un hueco natural.

3. Puntos de las piernas: de pie, donde el dedo medio de la mano encuentra un punto muy sensible en el costado del muslo.

1. Los **puntos posteriores** se ubican justo donde la nuca se une al cráneo a ambos lados de la vértebra superior.

2. Los **puntos anteriores** se encuentran bajo las clavículas, a mitad de camino entre el esternón y el borde del hombro.

3. Los **puntos de las piernas** son conocidos por aliviar el dolor de cabeza por intoxicación. Para encontrar estos importantes puntos de acupresión en el meridiano de la vesícula biliar, ponte de pie y deja que tus brazos cuelguen junto a tus muslos. Con el dedo medio de cada mano, busca un punto sensible en el costado de la pierna tan bajo como puedas alcanzar sin agacharte. ¡Busca donde duele! Si no encuentras dolor (más frecuente en los hombres que en las mujeres) alégrate, y estimula estos puntos de todos modos. Masajea durante 7 segundos, suelta durante 7 segundos, y repite.

Bostezar

Equilibrado

Olvida lo que te enseñaron sobre bostezar. Puede que no sea considerado de buena educación, ¡pero es bueno para ti! Es la forma que el cuerpo encuentra para satisfacer su necesidad de oxígeno fresco para energizar el cerebro, librarse del exceso de dióxido de carbono, y una forma excelente de relajar los músculos tensos de la mandíbula.

Cuando te concentras mucho o estás estresado, los músculos masetero y temporal, que controlan el movimiento de la mandíbula, pueden tensarse. Esto puede hacer que aprietes tus dientes durante la noche, y se generen dolo-

Bostezar relaja tus músculos temporal-mandibular.

Bosteza profunda y
escandalosamente,
inhala hacia den-
tro del diafragma.
Después exhala
por completo
todo el aire.

res de cabeza motivados por la tensión. Muchos problemas médicos y dentales se vinculan a la tensión en la articulación temporal-mandibular. Existen más terminaciones nerviosas en esta articulación que en cualquier otra, y un estado de equilibrio resulta fundamental para el procesamiento sensorial y la autoexpresión.

Unos buenos bostezos (puedes cubrirte la boca con la mano si quieres) ayudarán a relajar estos músculos y evitarás muchos problemas. También se ha comprobado que bostezar contribuye a desintoxicar el organismo, a estimular la producción de lágrimas (muy bueno para ojos estresados y secos), y a relajar el cuerpo de la cabeza a los pies[1]. Además, se siente bien.

Entonces haz un bostezo profundo, ruidoso y placentero, y masajea las articulaciones de tus mandíbulas. Todo tu cuerpo te lo agradecerá. Todos los programas para mejorar la visión recomiendan bostezar, incluyendo el de Janet Goodrich, *Natural Vision Improvement*.

¡Respira profundamente!

Terapias enteras se basan en el proceso de la respiración. Ninguna exposición al respecto estaría completa si no se mencionan los beneficios de la respiración profunda. Una de las razones es el hecho de que dos tercios de las células que reciben el oxígeno para el torrente sanguíneo se localizan en el primer tercio (el fondo) de los pulmones. Entonces, respira en forma profunda, constante, diafragmática. Estarás oxigenando tu cerebro y tu cuerpo sin tanto desgaste de tus pulmones y tu corazón, masajeando tus órganos abdominales y estimulando tu sistema linfático (que elimina las toxinas). Asegúrate de que tu abdomen se expanda cuando inhalas, y se comprima al vaciar los pulmones cuando exhalas.

---

[1]   Janet Goodrich, *Natural Vision Improvement*, p. 31.

Verificación posterior: cerebro-cuerpo

Piensa en la situación que te estresa. Registra las reacciones fisiológicas de tu cuerpo y cómo te sientes. ¿Es diferente a la preverificación?

_____

Actúa la situación usando todo tu cuerpo. ¿Te sientes diferente?

_____

Realiza movimientos de Marcha cruzada, activando ambos hemisferios cerebrales. ¿Resulta más fácil?

_____

Siéntate enseguida y repite la verificación muscular en tus cuadriceps.

1. Levanta la pierna y empuja el muslo; la pierna debería ser capaz de resistir.

2. Oprime el vientre del músculo y empuja hacia abajo. El músculo debería relajarse.

3. Jala el vientre del músculo y repite la verificación. El músculo debería estar fuerte otra vez.

¿Las verificaciones muestran ahora que la comunicación fluye con claridad entre el cerebro y el músculo, o necesitas hacer más actividades de integración?

_____

Registra las diferencias:

❏ Ahora se resiste cuando corresponde.

❏ Ahora se relaja cuando corresponde.

Verificación de coordinación: Sujeta tu nariz con la mano izquierda y tu oreja izquierda con la mano derecha. Ahora cambia: la mano izquierda sujeta la oreja derecha, y la mano derecha sujeta la nariz. Cambia de nuevo. Y otra vez. ¿Ahora pensar y hacer al mismo tiempo te resulta más fácil?

_____

¿Cuáles diferencias notaste en relación con la preverificación?

_____
_____
_____
_____

¿Hay alguna respuesta que quisieras mejorar todavía?

_____
_____
_____
_____

NOTAS

_____
_____
_____
_____
_____
_____
_____
_____
_____

9

Aguzar los sentidos

La visión es una habilidad aprendida de la atención. Y, al igual que la atención, la visión debe reenfocarse constantemente. Se mueve entre lo lejano y lo cercano; entre colores, líneas y formas; entre el mundo interior de los sueños, sentimientos y pensamientos, y el mundo exterior de las percepciones externas.

La visión, tanto para las personas videntes como para las invidentes, es la parte del yo que centra y organiza. Una visión saludable requiere una fusión de la imagen vista por el ojo izquierdo con la que ve el ojo derecho. La visión saludable también depende de la coordinación del ver con el oír, el sentir y el equilibrio. Por ello, la totalidad de la visión es inconmensurablemente mayor que la suma de las partes individuales.

GAIL E. DENNISON y PAUL E. DENNISON,
"Vision, The Centering and Organizing of the Self",
Brain Gym Journal, volumen VIII, número 2, verano 1994, p.11.

Ser sensibles

La pieza siguiente en el rompecabezas de la integración cerebro-cuerpo es la integración sensorial. Puede que nuestros hemisferios cerebrales estén integrados, pero, ¿nuestros sentidos bilaterales funcionan con eficacia y se comunican con claridad?

Ya nos referimos a cómo nuestra experiencia cognitiva de la emoción se interpreta en la amígdala, en el cerebro. Entonces, ¿cómo se manifiestan la emoción y el estrés en el nivel sensorial? Siempre que experimentamos una respuesta clásica al estrés y un circuito bloquea la memoria de un acontecimiento específico, la

Todos los sentidos deben trabajar juntos, como las piezas de un rompecabezas, para crear la imagen completa.

dirección en la que mirábamos, la forma en que escuchábamos y los músculos que se activaron en ese momento, también se amarran en nuestro circuito de memoria a la emoción resultante. Si al mirar en una dirección particular sentimos estrés o aparecen reacciones musculares, sabremos que tiene que ver con lo que quisimos escuchar y ver pero no pudimos, o con lo que no quisimos escuchar ni ver pero se nos impuso por la fuerza en el momento del impacto del acontecimiento. Podemos escoger quedarnos "ciegos" o "sordos" en lugar de confrontar el estrés del momento, con lo cual de allí en adelante el óptimo procesamiento se verá interrumpido. Sabiendo esto, podemos mejorar nuestro procesamiento sensorial si identificamos y liberamos los circuitos atorados involucrados en ese antiguo recuerdo. Ahora podemos reeducar los circuitos atorados implicados en nuestro procesamiento sensorial.

Recuperar tus sentidos

Los **órganos de los sentidos** nos brindan toda la información acerca del mundo que nos rodea. Nos advierten cuando corremos peligro y nos proporcionan los elementos del placer. Constituyen nuestra comunicación con el medio ambiente y son los primeros precursores de la "respuesta clásica al estrés".

Algunos olores
evocan poderosos
recuerdos emocio-
nales.

En esta sección nos ocuparemos específicamente de mejorar la visión (p. 132) y el oído (p. 138). Trataremos sobre el sentido kinestésico y la coordinación motora fina en un apartado próximo. Sin embargo, los otros sentidos también pesan en la ecuación y merecen mencionarse aquí. Los receptores implantados en la piel, la lengua y la nariz, corresponden a los sentidos del tacto, la vista y el olfato, respectivamente.

El **gusto** y el **olfato** son poderosos disparadores entrelazados el uno con el otro. (Cuando tenemos la nariz tapada la comida pierde sabor.) Se les conoce como sentidos químicos, dado que ambos detectan moléculas químicas.[1] En el caso del olfato, la información viaja directamente a los centros emocionales del cerebro sin pasar por la estación de transmisión sensorial en el tálamo.[2] Por eso no nos extraña que algunos científicos sostengan que el gusto y el olfato son los sentidos más inmediatos, y mucho de lo que nos gusta o nos disgusta está determinado por nuestros recuerdos emocionales vinculados con alimentos y olores.

Además de evocar recuerdos, algunos alimentos tienen la capacidad de estimular la actividad cerebral. Aunque el alimento de un hombre puede ser veneno para otro, se ha descubierto que ciertos aromas como el limón o la menta estimulan la actividad cerebral. Algunos investigadores vinculan la leche y los almidones con la relajación, y la canela con la excitación sexual masculina.

El gusto es una extensión del olfato. En realidad, lo que a veces llamamos gusto es sabor. El sabor es una combinación del gusto, el olfato, el tacto (textura) y otras características físicas, como la temperatura.[3]

Las papilas gustativas están localizadas en la cavidad oral y, sobre todo, en la lengua. Su superficie está cubierta por millones de órganos sensoriales que

---

1   Steve Parker, *The Human Body*, p. 94. Quimiosentidos.

2   Robert Sylwester, *Celebration of Neurons*, p. 66.

3   Tim Jacob, *Taste- A brief tutorial,* http//www.cf.ac.uk/biosi/staff/Jacob/teaching/sensory/taste.html

procesan la diferencia entre dulce y ácido, salado y amargo además del sabor umami que impulsa nuestro apetito hacia los aminoácidos, contenidos en la proteína.[4]

Es fascinante que la lengua guste los alimentos que entran y dé forma a las palabras que salen. Lo dulce y lo salado se registran en la punta de la lengua; lo ácido, a los lados, y lo amargo, atrás. También se procesa la textura de los alimentos. Muchas de nuestras expresiones emocionales se expresan con el lenguaje del gusto: la experiencia puede ser dulce o amarga; una relación puede ser apasionada o insulsa; la vida puede beberse de un trago o ser difícil de digerir.

Tacto. La piel es el órgano más extenso del cuerpo, y tocar y ser tocado proporciona a nuestro cerebro información esencial para comprender el mundo. Realmente el tacto nos ayuda a crecer, ya que estimula la producción de acetilcolina (el factor de crecimiento de los nervios). Tocar la cara y las manos es particularmente importante, ya que allí se asientan muchas redes nerviosas que envían información al cerebro.

Propiocepción. También hay receptores sensoriales en los músculos (ya has conocido a tus husos musculares), que advierten al cerebro del grado de tensión sobre ellos, y en qué dirección se están moviendo, de modo que sepas dónde están tus brazos y piernas sin tener que mirar.

Pero cuando hablamos de los sentidos, la mayoría de nosotros piensa en la vista y el oído.

Visión. El ojo es como una cámara de televisión. La luz penetra y es enfocada por una lente para formar una imagen invertida en la pared oscura del fondo de la retina. Allí es convertida en impulsos eléctricos que se envían al cerebro a través del nervio óptico. Vale la pena señalar que la visión no es un simple derivado de nuestra "cámara" física. Sólo 4% de nuestra percepción del mundo lo da el ojo (la vista); 96% restante se fabrica en el cerebro (la visión).[5]

---

4   *Ibid*, http//www.cf.ac.uk/biosi/staff/Jacob/teaching/sensory/taste.html#Umami
5   Carla Hannaford, *Advanced Psysiology of Brain Gym Course*.

Oído. El oído es como un micrófono. Capta ondas sonoras que primero hacen vibrar al tímpano; luego, aumenta mecánicamente la intensidad de estas vibraciones unas 22 veces en el oído medio, y transmite las vibraciones sonoras en ondas a través del fluido en el laberinto, moviendo vellos muy finos. Este movimiento las convierte en impulsos eléctricos, que luego viajan al cerebro a través del nervio acústico.

Bajo estrés nuestro cerebro y sentidos no dominantes se desactivan en 70%.

Cada uno de nosotros es único en el modo en que percibimos el mundo, ya que toda la información sensorial se ve coloreada por nuestras creencias y emociones antes de que registremos la percepción consciente final de cada acontecimiento. Parte de esa singularidad se refleja en el patrón personal de organización cerebral. Como lo señalamos al examinar nuestro perfil personal de organización cerebral óptima en la página 32, cuando nos vemos sometidos a tensiones caemos en un circuito trabado de respuesta al estrés –nuestra protección no integrada y automática. La doctora Carla Hannaford, autora de *Cómo aprende tu cerebro*, señala que nuestros sentidos y cerebro no dominantes se desactivan hasta en 70% bajo estrés.

Con los equilibradores del cerebro-cuerpo podemos destrabar estos patrones sensoriales que se activan por descuido. ¡Aprendamos cómo lograr que los sentidos funcionen bilateralmente y cooperen en todas las ocasiones, sin importar qué nos depara la vida!

Visión

¡Si lo pensamos bien, ver y hacer al mismo tiempo es un verdadero milagro! Lo que vemos en realidad es el resultado de una sofisticada síntesis de información en nuestro cerebro, en la que éste completa las lagunas de información.

Uno de los primeros problemas que el cerebro enfrenta es que la información llega desde dos ojos a la vez, cada uno con una visión del mundo levemente diversa. El cortex visual procesa la información, construye una imagen compuesta al integrar la información de cada ojo. Debe transponer las imágenes provenientes de los ojos, ya que se proyectan invertidas en el fondo de la retina. Es más, al igual que la pantalla de una computadora refresca su imagen a medida que mueves la página, así también la imagen visual tiene que ser refrescada constantemente en los bastoncillos (detectores de luz) y en los cojinetes (receptores de color) en el fondo de tus ojos, o ya no podríamos ver nada. Para que se dé el aprendizaje no sirve mirar fijamente la página: necesitamos movernos para estimular nuestro aparato visual. La recompensa es una visión y comprensión visual superiores.

Cada ojo posee un campo visual de 120°, con un ángulo de superposición de 60° en el centro donde ambos ojos deben coordinarse en equipo para la visión binocular. Cuando no existe una comunicación fluida entre tus hemisferios, los ojos competirán por el dominio en el área de superposición, activándose y desactivándose, más que un ojo guiando y el otro siguiéndolo. Casi todas las dificultades para leer y las inversiones de letras y palabras resultan de la falta de integración y cooperación en el campo visual medio. La cualidad bidimensional de la imagen de la televisión dificulta todavía más el desarrollo visual de un niño. Teniendo en cuenta que de todas maneras los niños presentan diferencias evolutivas, muchos niños normales no desarrollarán la cooperación visual en el campo medio hasta los 8 años. Hasta entonces, leer será para ellos un motivo de tensión.

¡Trabajar juntos es genial!

El ojo izquierdo lleva una gran parte de su información al hemisferio cerebral derecho (generalmente el de la visión de conjunto), y el ojo derecho lleva la mayor parte de su información al hemisferio izquierdo (en general, el lógico). Los dos hemisferios cerebrales, en ausencia de patología, operan en tándem (uno tras otro) todo el tiempo (si bien a veces lo hacen con desgano), y un lado dominante es el que ejerce el control.

No entiendo. He leído esta página cinco veces y todavía no sé qué dice

¿Te ha sucedido alguna vez?

El siguiente esquema simplificado ilustra las cualidades visuales individuales asignadas a cada hemisferio cerebral. También muestra las habilidades de funcionamiento cuando la comunicación entre los dos lados es fluida. Idealmente, esta habilidad debe ser capaz de captar todos los detalles dentro del contexto de la visión de conjunto, incorporando el marco dado por otra información sensorial: olor, sonido, temperatura, etcétera.

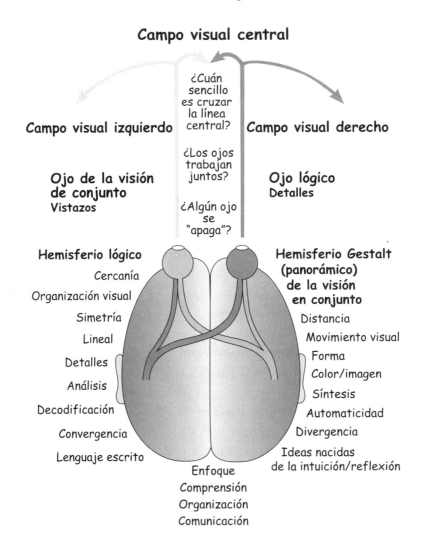

Campo visual central

¿Cuán sencillo es cruzar la línea central?

Campo visual izquierdo **Campo visual derecho**

¿Los ojos trabajan juntos?

Ojo de la visión de conjunto
Vistazos

Ojo lógico
Detalles

¿Algún ojo se "apaga"?

Hemisferio lógico
Cercanía
Organización visual
Simetría
Lineal
Detalles
Análisis
Decodificación
Convergencia
Lenguaje escrito

Hemisferio Gestalt (panorámico) de la visión en conjunto
Distancia
Movimiento visual
Forma
Color/imagen
Síntesis
Automaticidad
Divergencia
Ideas nacidas de la intuición/reflexión

Enfoque
Comprensión
Organización
Comunicación

Un esquema de cómo el cerebro procesa la visión. Cuando la comunicación fluye por el cuerpo calloso, la información visual es compartida y asimilada por ambos hemisferios. Vemos a la vez el conjunto y los detalles.

Necesitamos hacer actividades para generar un movimiento libre de estrés en el campo visual medio, descomprimir la capacidad de enfocar lejos/cerca, y posibilitar la relajación para que la visión se vuelva más fluida, sin tensión y basada en la totalidad del cerebro.

Preverificación: visión

Averigua si tus ojos sufren de estrés. Marca el casillero que corresponda si notas alguna incomodidad, tensión o molestia mientras haces lo siguiente:

❐ Mira hacia arriba ❐ Mira hacia abajo

❐ Mira a la izquierda ❐ Mira a la derecha

❐ Cubre tu ojo derecho ❐ Cubre tu ojo izquierdo

❐ Sigue un trayecto con los ojos de izquierda a derecha como al leer (20 veces)

❐ Mira algo cercano ❐ Mira algo lejano

❐ Saluda con tu mano a un lado de tu cabeza mientras miras hacia adelante (visión periférica)

❐ Lee en voz alta ❐ Lee en silencio

Actividades

Ochos perezosos® para los ojos

¡Da a tus ojos unas minivacaciones para poder leer y comprender mejor! Haremos un movimiento[6] utilizado durante años en la educación terapéu-

---

6 Denominados "Ochos perezosos®" en la Gimnasia para el cerebro®, actividad que ha sido adaptada para múltiples aplicaciones en Brain Gym® y Gimnasia visual®. Ve Ochos perezosos® para la escritura, p. 149, y Ochos alfabéticos®, p. 150, para otras aplicaciones de esta actividad.

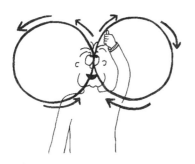

1. Extiende tu brazo frente a ti con el pulgar en alto.
2. Dibuja un Ocho Perezoso, siempre subiendo por el medio.
3. Extiende los músculos oculares todo lo que puedas.
4. Hazlo con cada mano, y luego con ambas manos unidas.

tica para integrar el campo visual medio y mejorar la coordinación ojo-mano. Aumenta la visión binocular y periférica, mejorando la coordinación del músculo óptico, especialmente para el rastreo (indispensable en la lectura).

Extiende tu brazo frente a ti (unos 35 cm los adultos y 45 los niños), con el pulgar hacia arriba y al mismo nivel que tu nariz. Con cuidado dibuja un Ocho perezoso en el aire con tus ojos enfocados en el pulgar. Siempre sube por el medio justo frente a tu nariz, y baja por los costados. Asegúrate de que sean los ojos los que se mueven; mantén tu cabeza quieta y siente la extensión en los músculos de los ojos. Si percibes tensión o incomodidad en cualquier dirección de la mirada, toca tus Puntos positivos® en la frente, y mantén esa posición hasta que el estrés se desvanezca.

Haz los Ochos perezosos® tres veces con cada mano, y tres veces con ambas manos unidas. Repítelo hasta que el movimiento sea fluido. Si quieres mejorar tu desempeño deportivo, ¡sostén cualquier elemento del equipo deportivo (por ejemplo, la raqueta, o la pelota) en tu mano como punto de enfoque en lugar de tu pulgar!

Puntos oculares

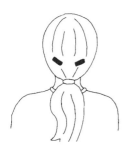

Equilibrado

Para una estimulación rápida de la visión, masajea los puntos oculares detrás de tu cabeza, en las dos hendiduras ubicadas por arriba del borde óseo inferior del cráneo (la protuberancia occipital). Esta presión estimula tu corteza visual primaria, que yace justo allí debajo. Mueve tus ojos en todas direcciones mientras masajeas estas hendiduras en ambos lados. También mira algo cercano y después algo lejano, para activar el enfoque lejos/cerca.

Masajea la hendidura sobre el borde inferior del cráneo.

Esta corrección del circuito ocular proviene de los Conceptos Tres en uno. Recuerda, si una dirección de la mirada en particular te resulta incómoda, sostén tus Puntos positivos® (p. 94) hasta que la tensión desaparezca.

Palmas sobre los ojos

Cuando tus ojos se fatiguen o comiences a ver borroso, frota tus manos para que se calienten, y luego apoya las palmas suavemente sobre los ojos cerrados para estimular la circulación sanguínea. Deja que tu mente se relaje, visualiza una flor o un paisaje para reactivar tu hemisferio cerebral creativo y artístico (el derecho). Canta o piensa en música. ¡Descubre cuán relajados estarán tus ojos en pocos minutos! Esta actividad es particularmente útil cuando trabajas con computadora. Muchas terapias de la visión utilizan este movimiento. Esta actividad proviene de *Natural Vision Improvement*, de Janet Goodrich.

Apoya las palmas de las manos sobre tus ojos.

Verificación posterior: visión

¿Qué diferencias encuentras? Al repetir la siguiente actividad, ¿sientes que ha desaparecido alguna incomodidad o tensión?

❐ Mira hacia arriba   ❐ Mira hacia abajo

❐ Mira a la izquierda   ❐ Mira a la derecha

❐ Cubre tu ojo derecho   ❐ Cubre tu ojo izquierdo

❐ Sigue un trayecto con los ojos de izquierda a derecha como al leer (20 veces)

❐ Mira algo cercano   ❐ Mira algo lejano

> ❏ Saluda con tu mano a un lado de tu cabeza mientras miras hacia ade-
> lante (visión periférica)
>
> ❏ Lee en voz alta   ❏ Lee en silencio

El oído

Para poder comprender realmente, debemos captar el contenido de lo que escuchamos y percibirlo en el contexto en el que lo escuchamos. Un grito de auxilio puede significar una situación crítica que active las respuestas adecuadas de supervivencia, o puede ser un asunto para reír mientras un amigo hace equilibrio con cuatro platos llenos de pastel de cumpleaños. La afirmación "¡eres algo grande!" puede ser un insulto si desborda sarcasmo, o un cumplido cuando se dice con sincera admiración. Es necesario que los dos hemisferios procesen y compartan la información para obtener el significado real. El hemisferio izquierdo (generalmente) procesa el contenido objetivo del lenguaje, es decir, qué fue lo que se dijo; mientras que el hemisferio derecho procesa el contenido emocional del lenguaje, es decir, cómo se dijo, interpretando las expresiones faciales y el lenguaje corporal.[7]

Si bien 80% de lo que capta un oído va a parar al hemisferio opuesto, no significa que una persona sorda de un oído nunca obtendrá un mensaje equilibrado. Siempre que los hemisferios cerebrales se comuniquen a través del cuerpo calloso (¡para lo cual se concibieron las actividades de este libro!), la información auditiva se comparte entre los dos hemisferios y se interpretará un mensaje auditivo

¿Te ha pasado esto alguna vez?
¡Se llama percepción selectiva!

---

7   Robert Sylwester, *A Celebration of Neurons*, p. 49.

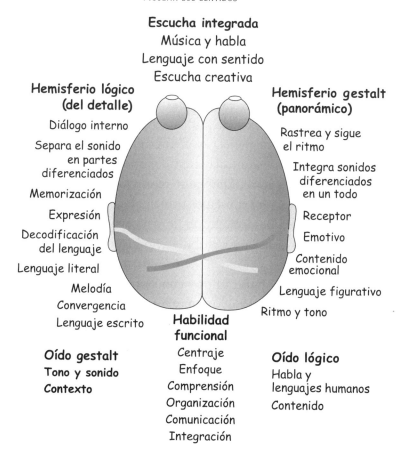

Escucha integrada
Música y habla
Lenguaje con sentido
Escucha creativa

**Hemisferio lógico
(del detalle)**

Diálogo interno

Separa el sonido
en partes
diferenciados

Memorización

Expresión

Decodificación
del lenguaje

Lenguaje literal

Melodía

Convergencia

Lenguaje escrito

**Hemisferio gestalt
(panorámico)**

Rastrea y sigue
el ritmo

Integra sonidos
diferenciados
en un todo

Receptor

Emotivo

Contenido
emocional

Lenguaje figurativo

Ritmo y tono

**Habilidad
funcional**

Centraje
Enfoque
Comprensión
Organización
Comunicación
Integración

Oído gestalt
Tono y sonido
Contexto

Oído lógico

Habla y
lenguajes humanos

Contenido

Un esquema acerca de cómo el cerebro tiende a lateralizar la audición, y los beneficios de la integración. Cuando la comunicación fluye a través del cuerpo calloso, la información auditiva se comparte y asimila en ambos lados del cerebro: podemos comprender e interpretar el contenido en el contexto emocional en el que fue dicho.

equilibrado. (Lo mismo sucede en relación a la ceguera de un solo ojo: la información se comparte entre los hemisferios a condición de que exista el funcionamiento integrado, y así percibiremos los detalles en el contexto apropiado de la visión de conjunto).

Cuando escuchamos algo, activamos no sólo órganos y circuitos sensoriales; también estamos activando circuitos motores, lingüísticos, lógicos y de memoria. Una vez más, la emoción juega el papel clave: el tálamo, la amígdala y otras partes del cerebro deciden cuál es nuestro interés emocional (y de supervivencia), y a partir de ello, si le prestaremos atención o no. Podemos desintonizar lo que no queremos oír, o que no va con nuestras creencias y captar lo que nos amenaza o nos gusta.

Maestros y padres siempre supieron que la admonición "Siéntate, quédate quieto y escúchame", no necesariamente garantiza la atención completa y la comprensión de quien escucha. ¡Más bien sucede lo contrario! La teoría de la Kinesiología educativa, apoyada por la ciencia, sostiene sin duda que el movimiento es fundamental para la atención y el aprendizaje.

El sistema vestibular, que controla nuestro sentido de movimiento y equilibrio, también se centra en el oído; se interconecta con la corteza cerebral, al igual que con los ojos y los músculos principales, y es fundamental en el proceso de aprendizaje. Desde el punto de vista evolutivo, cuando no nos movemos y activamos el sistema vestibular, no incorporamos información del contexto.[8]

Nuestra habilidad para enfocarnos y concentrarnos depende mucho de nuestra capacidad de filtrar los ruidos superfluos y determinar intuitivamente qué es pertinente y qué no lo es.

Para ello necesitamos sentirnos seguros. De lo contrario, el cerebro se mantendrá en su modalidad de funcionamiento de supervivencia, analizando todos los sonidos superfluos, en un estado de alerta constante ante la eventualidad del peligro. Así, nuestra atención está dividida y se nos vuelve imposible concentrarnos para las tareas de la corteza superior. Bajo estas condiciones se dificulta mucho el aprendizaje y puede que más tarde no podamos recordar la información.

Examina si tu cuello está alineado para la audición. Según el doctor Dennison la audición y la memoria se unen en la propiocepción, en el cuello y los músculos de los hombros. Reaccionan ante el sonido reposicionando la cabeza y las orejas. La tensión en el cuello puede afectar la audición, las habilidades de comprensión, pensamiento, memoria, matemáticas, deletreo e incluso el habla. Entonces, siempre asegúrate de que tu cuello se mantenga relajado y libre de estrés con algunos ligeros masajes, y con las actividades que siguen. Estos equilibradores activarán ambos oídos para mejorar el proceso auditivo y reeducarán cualquier circuito auditivo bloqueado a causa de la respuesta al estrés.

---

8 Carla Hannaford, *Aprender moviendo el cuerpo*, p. 35.

Preverificación: audición

Al hacer estos movimientos toma nota de la calidad del sonido, tu comprensión de lo que escuchas y si hay tensión en tu cuerpo. Marca en los espacios las actividades que te resulten difíciles:

❏ Vuelve tu cabeza a la derecha y escucha el sonido.

❏ Vuelve tu cabeza a la izquierda y escucha el sonido.

❏ Cubre tu oído derecho y escucha.

❏ Cubre tu oído izquierdo y escucha.

❏ Lee en voz alta y registra tu grado de fluidez y tu tono.

❏ Pide a alguien que te diga un número telefónico de 8 dígitos y repítelo (activación de la memoria de corto plazo).

❏ Recuerda rápidamente qué desayunaste (memoria reciente).

❏ ¿Cuál era tu juguete favorito cuando eras un niño? (memoria de largo plazo).

❏ Suma algunos números (activación de las matemáticas).

❏ Pide a alguien que te diga una palabra y deletréala.

¿Qué dificultad o incomodidad específica notaste?

_____

_____

_____

_____

_____

_____

Actividades

¡Eres todo oídos!

¿Te ha sucedido alguna vez estar en medio de una conversación y darte cuenta súbitamente de que en los últimos minutos no has estado escuchando una sola palabra? Siempre que tu atención flota a la deriva, puedes volver a integrarte con un simple masaje en tus orejas. Desenrolla con suavidad los bordes de tus orejas varias veces, desde arriba hacia abajo. Da un pequeño jalón lateral a tus orejas. Notarás que tu atención se agudiza, y que oyes y piensas mejor.

El doctor John Thie señala que este ejercicio auricular también puede mejorar el alcance de tus movimientos. Vuelve tu cabeza primero hacia un lado, y luego hacia el otro, tanto como puedas. Luego masajea tus orejas mientras vuelves a girar la cabeza, identificando y relajando cualquier rigidez. Cuando acabes, vuelve a girar la cabeza y registra si puedes llegar más lejos.

Masajea tus orejas con suavidad, desenrollándolas también. Rota a ambos lados tu cabeza para liberar el estrés del cuello.

Cuando frotas tus orejas en realidad estás masajeando diversos puntos de acupresión que estimulan y energizan todo tu sistema. Masajea tus orejas antes de hablar, escribir, recibir instrucciones, o simplemente ¡porque te gusta! Con el nombre de Gorra de pensar® en Gimnasia para el cerebro® (Brain Gym®), esta actividad es usada por casi todos los kinesiólogos.

El búho®

El búho está diseñado para liberar la tensión de los músculos de los hombros y el cuello, y para aumentar la amplitud en el movimiento de rotación de la cabeza.

1. Con tu mano derecha toma la parte superior del músculo de tu hombro izquierdo (el trapecio) y comprímelo firmemente.

2. Inhala profundamente. Mientras exhalas, vuelve tu cabeza hacia la derecha para mirar sobre tu hombro. Inhala cuando regresas tu cabeza al centro.

3. Exhala mientras vuelves tu cabeza hacia el hombro izquierdo. Regresa la cabeza al centro.

4. Exhala mientras dejas caer tu barbilla en el pecho. Inhala mientras alzas la cabeza para mirar hacia delante.

Repite los movimientos 2 y 4 en las cuatro direcciones (derecha, izquierda, abajo, adelante) de dos a tres veces. Luego, comprime el hombro izquierdo con la mano derecha y repite El búho hacia el otro lado. Esta actividad es de Gimnasia para el cerebro®.

Toma tu trapecio firmemente. Inhala y exhala y vuelve despacio la cabeza.

Hipertón-X para relajar el cuello

Sabemos que un músculo tenso no puede activarse o desactivarse cuando es necesario. Ésta es un buena técnica básica para liberar un músculo contraído (hipertónico): extender lentamente el músculo contracturado y luego activarlo contra una resistencia, ayuda a desbloquear y reconfigurar los propiocepotores.

1. Deja que tu oreja izquierda caiga suavemente sobre tu hombro izquierdo tan lejos como puedas sin tensionarte.

2. Extiende hacia arriba tu brazo izquierdo y pon la mano contra el costado derecho de tu cabeza, luego haz el paso 3.

3. Inhala, y mientras exhalas, empuja tu cabeza hacia la derecha (10% de tu fuerza durante seis segundos) contra tu mano que opone una ligera resistencia. Descansa un momento y deja que tu oreja izquierda caiga todavía un poco más hacia tu hombro izquierdo.

¿Notas el aumento en la amplitud del movimiento? Repítelo dos veces más. Ahora haz el mismo proceso tres veces del lado derecho. Esta técnica proviene de Hipertón-X.

Mientras exhalas, empuja durante seis segundos usando 10% de tu fuerza contra tu mano que opone una leve resistencia.

Verificación posterior: audición

Al repetir estos movimientos, toma nota de la calidad del sonido, tu comprensión de lo que escuchas y si hay tensión en tu cuerpo. Marca el casillero de lo que aún quieres mejorar:

❐ Vuelve tu cabeza a la derecha y escucha el sonido.

❐ Vuelve tu cabeza a la izquierda y escucha el sonido.

❐ Cubre tu oído derecho y escucha.

❐ Cubre tu oído izquierdo y escucha.

❐ Lee en voz alta y registra tu grado de fluidez y tu tono.

❐ Pide a alguien que te diga un número telefónico y repítelo (activación de la memoria de corto plazo).

❐ Recuerda rápidamente qué desayunaste (memoria reciente).

❐ ¿Cuál era tu juguete favorito cuando eras niño? (memoria de largo plazo)

❐ Suma algunos números (activación de las matemáticas).

❐ Pide a alguien que te diga una palabra y deletréala.

¿Qué mejoras notaste? ¿Existe alguna área que todavía deseas mejorar?

_____

_____

_____

_____

_____

10

Afinación

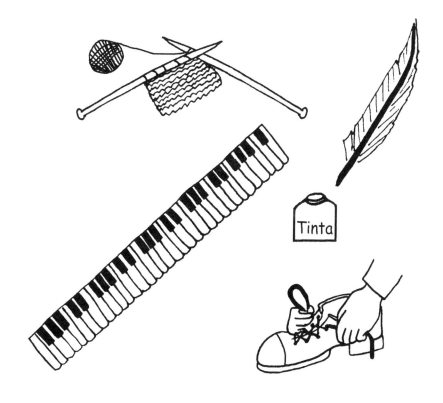

Ambos grupos musculares (mano y dedos) son más eficaces cuando funcionan automáticamente; es decir, cuando nuestro cerebro consciente puede enfocarse en los contenidos del mensaje más que en el medio de expresión.

Robert Sylwester,
A Celebration of Neurons, p. 69.

Motricidad fina

¿Alguna vez has tenido una gran idea, y al querer escribirla o dibujarla, la idea se desvaneció tan pronto como tomaste la pluma? La última pieza en el rompecabezas de la integración cerebro-cuerpo es la afinación para la comunicación motora fina. Debemos eliminar todos los bloqueos en los circuitos energéticos que afectan las habilidades motoras finas, la coordinación ojo-mano y la palabra escrita. Estas habilidades son el fundamento de nuestra posibilidad de autoexpresarnos con éxito, ya sea tejiendo, dibujando, construyendo o escribiendo. La expresión en un plano bidimensional (papel) combina el tacto y el movimiento con la visión y el lenguaje. Esto requiere de habilidades sofisticadas de percepción, concepción, manejo de símbolos, expresión y memoria. La escritura y el dibujo involucran a todas las áreas que hemos trabajado: liberación de estrés emocional, integración cerebro-cuerpo, coordinación mano-ojo, postura corporal, habilidades de motricidad fina.[1]

¡Qué buena idea, tengo que escribirla!

Entonces... ¿cómo era esa idea que tenía hace un segundo?

¿Alguna vez te ha sucedido esto?

Por cierto, en los escaneos PET (tomografía por emisión de positrones), el área que en el cerebro corresponde a la mano se enciende cuando hablamos. La mayor parte de nuestra comunicación se realiza con el cuerpo, no con las palabras. Por ello, si existe un problema en la comunicación neuronal entre cerebro y manos, se dificultará la comunicación en su totalidad, incluyendo la vocalización.

Antes de que hubiera televisión, los niños jugaban interminables juegos con guijarros, palitos, mecanos, etcétera. Todos estos juegos desarrollaron nuestra habilidad para enfocarnos,

---

[1] Rita Edwards, Programa de Escritura P.R.E.P.A.R.E. La información está disponible a través de la Fundación Brain Gym® International.

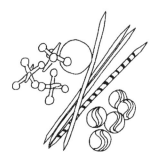

Si crees que la matatena, los palitos chinos y las canicas son un juego, ¡estás equivocado! Estás cursando Introducción a la lectoescritura y Neurociencias I.

concentrarnos, y entrenaron nuestra coordinación ojo-mano hasta alcanzar un alto nivel. Los niños de hoy son menos activos y no alcanzan ese nivel de desarrollo motriz sentándose frente a un televisor.

La disminución de actividad física retarda el desarrollo evolutivo de los ojos y el cuerpo, y ¡tampoco nos hace bien a los adultos! ¡Volvamos a jugar!

También, considera lo que hace un pianista o un cantante de ópera antes de un concierto: entran en calor, flexibilizan sus músculos musicales practicando escalas. ¿Qué haces tú antes de realizar una tarea manual, o escrita? Si eres como la mayoría... ¡nada! Rita Edwards, miembro facultativo de Kinesiología Educativa de Sudáfrica, en su programa de escritura P.R.E.P.A.R.E. nos sugiere que antes de escribir estimulemos nuestros circuitos táctiles y de coordinación con la Gimnasia para el cerebro® (Brain Gym®) y otras actividades. Entonces, toma una hoja de papel entre tus dos manos y aplaude varias veces sin dejarla caer. Ahora toma un pedazo de papel con una mano y hazlo una pelota, y luego con la misma mano alísalo. ¡Ocupa tus dedos! Ahora frota vigorosamente tus manos y tus brazos para estimular tus receptores táctiles.

También usa una pelota de goma o masa de amasar para ejercitar tus manos. Haz pausas cuando te dedicas a actividades motoras finas como escribir o mecanografiar, para estirar tus brazos, hombros, cuerpo y para flexionar tus dedos. No dejes que se estanque la energía de tu cuerpo: acabarás con el cerebro y la creatividad estancados.

¿Por qué leer y escribir es algo tan complejo? Los símbolos escritos bidimensionales (letras) no son contextuales, es decir, no forman parte de un mundo real, tridimensional. Una silla tridimensional puede reconocerse ya sea que esté derecha, patas arriba, o de lado. Ahora, considera una letra bidimensional "b". Invertida, se convierte en una "d". Y patas abajo, se convierte en una "p" o una "q". Necesitamos extraer estos símbolos de lo abstracto, y hacerlos vivir en modo fácil y automático en nuestros cuerpos tridimensionales. Las siguientes actividades te ayudarán. Aunque están concebidas para la escritura, estos equilibradores mejorarán cualquier tarea de motricidad fina que demande mayor habilidad.

Preverificación

Piensa en un proyecto de escritura, y planea qué quieres decir:

_____

_____

Toma nota de cómo te sientes.

_____

_____

Coloca 10 monedas en fila. Mide el tiempo que te lleva dar vuelta a las 10 monedas de manera consecutiva. ¿Cuántos segundos te llevó?

Escribe una oración en una hoja de papel. Registra la calidad de tu escritura.

Mira a las secciones izquierda, media y derecha de esa línea. ¿Alguna de ellas parece diferente? ¿En qué forma?

Escribe el alfabeto: a b c d e f, etcétera. ¿Trazas con torpeza alguna letra?

Dibuja rizos: ℓℓℓℓ

Actividades

Ochos perezosos® para la escritura

¿Te resulta difícil iniciar un proyecto o reporte? Deja que fluya tu creatividad y tu expresión escrita dibujando Ochos perezosos® en una hoja de papel, en un pizarrón, en la arena, sobre el escritorio o cualquier superficie relacionada con tu proyecto. Usa ambas manos separadas y juntas, y dibuja diferentes tamaños. Este movimiento te ayuda a cruzar el campo medio sin

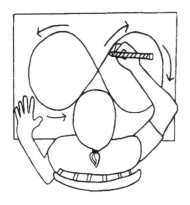

Comienza en el centro, continúa la línea hacia arriba y luego bájala por el extremo.

interrupción, activando así ambos lados del cerebro, e integrando los campos visuales derecho e izquierdo. Mejora la visión binocular y periférica, y también la coordinación ojo-mano, especialmente para el seguimiento.

Ochos alfabéticos®

Equilibrado

Cuando tu escritura se vea confusa o te sientas estancado en un proyecto, practica tu alfabeto con el Ocho perezoso. Lo que harás es tomar los símbolos abstractos bidimensionales (letras) y llevarlos al movimiento tridimensional automático de tu cuerpo en el mundo real. Esto te permitirá pensar creativamente y escribir al mismo tiempo, sin que tu cuerpo tenga que pensar en cómo formar una letra en particular.

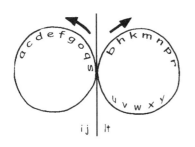

Después de hacer los Ochos perezosos®, dibuja una línea perpendicular entre los dos rizos del Ocho perezoso. Traza todas las letras en minúscula (de imprenta, no cursiva) sobre este nuevo dibujo del ocho perezoso, partiendo siempre desde la línea del medio hacia arriba y hacia afuera, a izquierda o derecha. Así estás determinando lo siguiente: esta letra, ¿"vive" a la derecha o a la izquierda del campo visual medio? Sin levantar tu pluma del papel, cada vez que dibujas una letra, vuelve a hacer unos cuantos Ochos perezosos®, antes de comenzar con la próxima letra sin levantar la pluma del papel. Repítelo hasta conseguir fluidez en el trazado y no tener que pensar dónde ubicar la próxima letra. Esta poderosa actividad de Gimnasia para el cerebro® se ocupa con eficacia del problema de la inversión de sílabas y letras.

El trébol®

El trébol® estimula la fluidez necesaria para escribir en cursiva y resulta excelente para la integración mano-ojo

Equilibrado

al cruzar la línea media, y facilitar escribir y dibujar sin estrés. Inicia tu dibujo del trébol trazando un Ocho perezoso horizontal (página anterior) que parta del centro, suba hacia la derecha y dé la vuelta hacia abajo. Cuando completes el Ocho perezoso, comienza con el Ocho vertical yendo hacia arriba a la derecha, da vuelta a la izquierda hacia abajo, atraviesa el centro y baja a la derecha, da vuelta a la izquierda y hacia el centro, en donde recomenzarás un ocho horizontal. Repítelo hasta que se vuelva un procedimiento natural y automático. ¡Empieza con el Trébol®! Esta actividad se extrajo del curso Gimnasia visual®, que es parte de Gimnasia para el cerebro®.

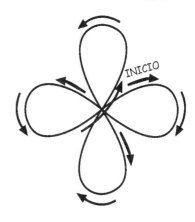

Comienza en el centro y luego sube por la derecha.

Verificación posterior: nota la diferencia

Vuelve a pensar en tu proyecto de escritura: date cuenta si te resulta más fácil.

Coloca 10 monedas en fila. Mide el tiempo que te lleva dar vueltas a las 10 monedas de manera consecutiva. ¿Te resultó más sencillo? ¿Fuiste más rápido?

Escribe otra oración en una hoja de papel. Registra la calidad de tu escritura. ¿Te resultó más sencillo?

Mira a las secciones izquierda, media y derecha de esa línea. ¿Alguna te parece diferente? ¿En qué forma?

Escribe el alfabeto: a b c d e f, etcétera. ¿Alguna letra te parece diferente?

Dibuja rizos:

¿Qué diferencias notaste en relación con la preverificación?

_____

_____

_____

¿Hay algo más que quieras mejorar?

_____

_____

_____

_____

NOTAS

_____

_____

_____

_____

_____

_____

_____

_____

_____

_____

_____

_____

_____

_____

_____

_____

11

La vida real: cómo aplicar todo lo que aprendiste

El movimiento es vida. Es la puerta para el aprendizaje. Si al aprendizaje se le define como un 'comportamiento modificado', sostengo que no puede darse sin el movimiento. 'Comportamiento modificado' significa que hemos sido afectados, que podemos actuar con mayor precisión y que tenemos mayor dominio de una habilidad. En el cerebro, el movimiento ocurre por medio de sinapsis organizadas que conectan diversas áreas decisivas para que ocurra un cambio de comportamiento… cerebro posterior a cerebro anterior, cerebro superior a la base del cerebro, y hemisferio izquierdo a hemisferio derecho. El aprendizaje con la totalidad del cerebro es la interconexión espontánea de todos los centros cerebrales vinculados al acontecimiento del aprendizaje. Aprender con la totalidad del cerebro implica procesos físicos, emocionales y mentales que resultan en modificaciones permanentes de las habilidades, actitudes y comportamientos, porque este aprendizaje no es superficial: se interioriza por completo.

DOCTOR PAUL E. DENNISON,
"A Living Context for Reading",
Brain Gym Journal, volumen VIII,
número 1, primavera 1994.

Completa tu proceso personal

El propósito de este libro ha sido presentar cómo el estrés afecta tu capacidad de funcionar en armonía, identificar los efectos sobre tu capacidad de aprender y actuar, y cómo puedes usar algunas técnicas simples para restablecer tu equilibrio físico, emocional y mental. Veamos si realmente ha tenido algún efecto sobre ti, en comparación a cómo estabas cuando tomaste el libro por primera vez. Al hacer una postverificación, anclamos en tu cerebro-cuerpo tu nivel de funcionamiento mejorado respecto de los problemas que identificaste en el principio del libro.

Volvamos a pensar en la situación estresante que anotaste en la página 30 y analizaste en las páginas 48, 49 y 50, y practiquemos la toma de conciencia.

De pie, cómodamente, piensa en esa situación que ponía a prueba tu sistema cerebro-cuerpo. Ahora registra objetivamente cómo reacciona tu cuerpo; recuerda que no existe una reacción correcta o incorrecta, sino sólo lo que es. Esto puede darte una medida de las diferencias obtenidas como resultado de nuestras actividades integradoras.

Revisa tu postura con relación al suelo (erguido, inclinado hacia adelante, hacia atrás o hacia un costado).

¿Sientes alguna tensión, dolor o debilidad en tu cuerpo? ¿Dónde? (en las piernas, espalda, hombros, cuello, estómago, pecho, corazón, garganta, mandíbula) ¿Notas alguna diferencia?

Mira un objeto frente a ti. ¿Lo ves claramente o está borroso?

¡Guau! ¡Ahora el mundo se ve mucho mejor!

¡Puedo sostener mis brazos más fácilmente!

¿Notas alguna diferencia en el desempeño de tus ojos?

Escucha un sonido en la habitación. ¿Oyes por igual con ambos oídos? ¿Notas alguna diferencia en la tonalidad y la comprensión?

Levanta tus brazos 30° frente a ti. ¿Es fácil, o te representa esfuerzo?

Sostén así tus brazos durante 30 segundos. ¿Es fácil, o estresante?

Regresa a la preverificación en la página 32 y revisa las áreas en que has mejorado y que te indican el desbloqueo de antiguos circuitos atorados. ¿Te sientes satisfecho, o crees que necesitas trabajar más antes de abocarte a nuevas metas?

El modo más simple de usar tus herramientas

En virtud de que todavía estás leyendo este libro, suponemos que has experimentado con estas técnicas lo fácil que es lograr un cambio positivo. Esperamos que la conexión cerebro-cuerpo haya cumplido con la promesa del subtítulo, y te haya facilitado las herramientas que necesitas para suprimir los bloqueos físicos, mentales y emocionales que obstaculizan tu rendimiento. Pero las herramientas no son más que eso, herramientas. Si las dejas en su caja, sólo son inútiles piezas de materia inerte. ¡Asegurémonos que sabes cómo escogerlas y usarlas!

En el plano más simple, si te dedicas a practicar regularmente las actividades de los Seis ultra veloces (repaso en la página 158), te sentirás muy aventajado en la habilidad de mantener un estado sereno y equilibrado. Practica cotidianamente estas actividades, adaptándolas para que se ajusten a tus ambientes hogareño y laboral. Siempre ten a mano un vaso o una botella de agua, para beberla a sorbos a lo largo del día. Tan pronto como empieces a sentirte confuso y desorientado, toma un trago de agua, inspira profundamente y masajea tus "botones" de energía (p. 62), primero un movimiento y luego el otro. De tiempo en tiempo, da un masaje a tus Puntos oculares (p. 136), primero de un lado, luego del otro. Haz lo mismo con tus orejas, masajeando una sin prisa, luego la otra. En el mejor de los casos, nadie lo notará. En el peor, la gente creerá que tienes comezón. Nadie sabrá que estás controlando tu estabilidad con extraordinarias técnicas de manejo del cuerpo.

Puedes hacer la Marcha cruzada de la página 116 sin problemas en cualquier parte –en una sala de espera, en un examen, en una reunión– reactivando tus hemisferios cerebrales al mover simplemente un dedo de la mano y un dedo del pie opuestos, con movimientos mínimos. Tu cerebro está activando los circuitos para la integración cerebro-cuerpo, incluso sin grandes gestos.

Modifica los Ganchos de Cook (p. 63), cruzando cómodamente brazos y piernas, sin tomarte realmente del talón. Nadie sabrá que tu lengua se encuentra tocando el paladar, ¡a menos que intentes hablar! Luego, la segunda parte: pies apoyados en el suelo, y dedos de la mano unidos. La gente usa este método todo el tiempo. Es una postura instintiva para equilibrar la energía y liberar el estrés.

Para la liberación del estrés emocional: (Puntos positivos®), una mano en la frente, con suavidad. La gente hace esto automáticamente: la reacción de "¡Oh, no!" llevando la mano a la cabeza. Sólo debemos recordar hacerlo de manera consciente, y mantener la mano en la posición. Es fácil cuando estamos sentados tras nuestro escritorio o la mesa. Nadie va a mirarnos. Escribe tus trabajos o exámenes con una mano en la frente. Si te atoras, haz un Ocho perezoso® para la escritura (p. 149) en una hoja de papel.

Simplemente, sigue trabajando para eliminar tus bloqueos con una mayor fluidez y eficacia. Asegura tus progresos practicando los Seis ultra veloces y cualquiera de los equilibradores del cerebro-cuerpo. En la próxima página repasaremos los Seis ultra veloces, que constituyen la práctica mínima para asegurar el funcionamiento del cerebro-cuerpo total. En las páginas 159 y 160 brindamos sugerencias sobre cómo podrías incorporar otros equilibradores cerebro-cuerpo en tu vida.

El ensayo mental siempre
facilita la realización.

Procura siempre detenerte y reaccionar ante las señales de estrés de tu sistema en el segundo en que te percates de cualquier deterioro en la manera en que te sientes, piensas o funcionas. Ésta es la manera más sencilla de trabajar con tus herramientas –elige las actividades que más te gustan conforme las necesites para reequilibrarte a ti mismo en el momento en que las tensiones cotidianas amenazan tu bienestar.

El próximo paso y grado de compromiso requiere que te empeñes en una reeducación consciente de tu sistema cerebro-cuerpo en función de una tarea o problema específicos. Los kinesiólogos especializados lo llaman "equilibrarse en función de un objetivo". Te presentamos un modelo sencillo, para que luego puedas afrontar asuntos más complejos con mayor profundidad. Incluso en un contexto de problemas mayores, eres libre de escoger cuál es el área que prefieres explorar y que te resultará más reveladora y útil. ¡Confía en tu intuición y hazlo!

Repaso de los Seis ultra veloces

1. Bebe agua (p. 61)

2. Botones de energía (p. 62)

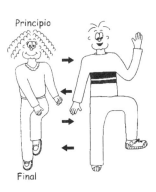

3. Marcha cruzada (p. 116)

Si no vas a hacer más, por lo menos practica estas seis actividades sencillas para apoyar a tu sistema cerebro-cuerpo. ¡No hay excusa!

4. Ganchos de Cook
(p. 63)

5. Puntos positivos
(p. 94)

6. Agudiza tus senti-
dos (pp. 135 a 143)

Otras sugerencias para uso diario

Por la mañana:
❏ Seis ultra veloces
❏ Puntos positivos® al planificar tu día
❏ Frota los Puntos positivos® para corregir el modo de andar en tus pies

Para estudio y pruebas:
❏ Seis ultra veloces
❏ Puntos positivos® y ensayo mental
❏ Ochos perezosos® para los ojos
❏ Ochos alfabéticos® para escribir

Para trabajo en computadora:
❏ Seis ultra veloces
❏ Mecedora
❏ Energetizador®
❏ Ochos perezosos® para los ojos

❏ Palmas sobre los ojos
❏ Búho® y relajamiento de cuello
❏ Hipertón-X

Para trabajo en función de objetivos:
❏ Ganchos de Cook
❏ Liberación de estrés emocional
❏ Rotación ocular

Para el cuidado de la espalda:
❏ Ejercicio apropiado, sugerido por un profesional
❏ Frotar los Puntos positivos® para corregir el modo de caminar
❏ Energetizador®
❏ Búho® y relajamiento de cuello
❏ Hipertón-X
❏ Liberación de músculos de las piernas

Antes del deporte:	Para lectura:
❏ Seis ultra veloces	❏ Seis ultra veloces
❏ Puntos positivos® y ensayo mental	❏ Ochos perezosos® para los ojos
❏ Puntos para corregir el modo de caminar	❏ Puntos oculares
❏ Mecedora	❏ Palmas sobre los ojos
❏ Liberación de los músculos de las piernas	❏ Ochos perezosos® para escribir
❏ Ejercicios de estiramiento apropiados	❏ Energetizador®
	❏ Búho® y liberación de cuello
	¡No olvides tomar conciencia de las diferencias!

Los **10** mejores integradores cerebro-cuerpo:

1. Bebe agua
2. "Botones" de energía
3. Marcha cruzada
4. Ganchos de Cook
5. Puntos positivos®
6. Puntos para corregir el modo de caminar
7. Mecedora
8. Ochos perezosos® para los ojos
9. Eres todo oídos
10. Ochos alfabéticos®

Los **10** mejores liberadores del estrés:

1. Bebe agua
2. "Botones" de energía
3. Marcha cruzada
4. Respiración polarizada
5. Ganchos de Cook
6. Puntos positivos®
7. Rotación ocular
8. Anclaje
9. Frotar puntos oculares y del oído
10. Frotar puntos contra el dolor de cabeza

Uniendo todo: diez pasos para lograr el cambio

Tienes los ingredientes necesarios para desactivar con éxito los bloqueos que se interponen entre tú y tu aprendizaje y metas futuras. Organicémoslo todo en un formato[1] simple de diez pasos para que puedas aplicar fácilmente lo que has aprendido aquí, en otros retos de la vida. Ésta es una síntesis del modelo; más adelante te presentaré formas de aplicarlo ante cualquier desafío de la vida de manera tan fácil como contar hasta 3.

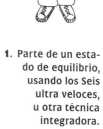

1. Parte de un estado de equilibrio

Intentar aprender algo partiendo de un estado de estrés sólo consigue profundizar las reacciones ante el estrés. Practica los Seis ultra veloces (u otros equilibradores cerebro-cuerpo de tu preferencia) para alcanzar un estado centrado y sereno desde el cual puedas considerar los desafíos futuros. Ya repasamos los Seis ultra veloces en la página 158, y te dimos aplicaciones fáciles para otros equilibradores cerebro-cuerpo en la página 160.

2. Define una meta clara y positiva

Ahora identifica una meta clara y positiva que desees lograr. Puede ser una pequeña: es posible que los cambios pequeños catalicen transformaciones asombrosas. En el capítulo 2 te pedimos que revisaras tus conductas inútiles, y también que definieras los buenos motivos por los que compraste este libro. A lo largo del libro identificaste áreas en las que tu funcionamiento podía mejorarse, y también

1. Parte de un estado de equilibrio, usando los Seis ultra veloces, u otra técnica integradora.

2. Escoge una meta clara y positiva que se ajuste a tu vida. ¡Es la mejor inversión que puedes hacer!

---

1 Quienes elijan explorar la Gimnasia para el cerebro® (Brain Gym®), pueden experimentar un maravilloso estado de equilibrio en cinco pasos. Les remito al libro *Cómo aplicar Gimnasia para el cerebro®*, p. 10 y *Aprender mejor con Gimnasia para el cerebro®*, p. 10, donde se explican los cinco pasos de Brain Gym® para lograr un buen aprendizaje. Mi interpretación del proceso de cambio es sumamente compatible con la de Paul y Gail Dennison.

estresores clave en tu vida que valdría la pena debilitar. Escoge una de estas áreas que deseas mejorar. También te animamos a que dediques un momento a definir metas adicionales cuando juzgues que estás listo (p. 169), ya que nuestra intención es dejarte tanto con el deseo de progresar en tu vida como con las herramientas necesarias para lograrlo. Definir tus metas es la inversión más positiva que puedes hacer por ti mismo y por tu futuro.

3. Libérate de tu resistencia a cambiar[2]

Necesitas empeñar verdaderamente tu voluntad para cambiar. Muchas veces, patrones inconscientes de sabotaje constituyen los verdaderos bloqueos que obstaculizan tu buen desempeño. De hecho, se ha comprobado que la mayoría de las personas no le temen al fracaso: le temen al éxito, y liberarnos del estrés relativo a tener que "desempeñarse con éxito" resulta útil. Antes de intentar cambiar un comportamiento o alcanzar una meta, vale la pena evaluar honestamente los pros y los contras del eventual cambio. Necesitarás reeducar tu respuesta a los temores que tengas respecto de cómo el logro de tu meta te afectará a ti y a tus relaciones. Recuerda: hemos descubierto

3. Libérate de la resistencia al cambio.

que cualquier cambio, incluso uno para bien, es estresante, y debería ser manejado con atención. Eliminar el estrés con las afirmaciones en la página 172, junto con los Puntos positivos® y las rotaciones oculares es un buen comienzo.

4. Visualiza el logro de tus metas, y actúa la acción relevante

Además de ensayar en el ojo de tu mente el logro de tu meta, debes activar los circuitos físicos que necesitarás para alcanzarla. Esto puede significar un juego de roles literal, como por ejemplo, actuar un saque con la raqueta de

---

2   El procedimiento de Balanceo "Voluntad para aprovechar los beneficios" fue tomado de *Three in One Concepts*.

tenis si tu objetivo es mejorar tu juego de tenis. Puede ser un gesto simbólico cuando tu meta es más abstracta, como por ejemplo, lograr la autoaceptación. Si esa fuera la meta, podrías darte un abrazo simbólico, o simular que abres una puerta y caminas hacia una habitación llena de ese estado positivo.

4. Visualiza el logro de tu meta, y también actúa una acción relevante.

5. Obtén un diagnóstico claro y objetivo de tu funcionamiento actual con respecto a tu meta, con el proceso de la toma de conciencia o, si sabes cómo hacerlo, con la verificación muscular.

Debes identificar clara y escrupulosamente todas las formas en que tu cerebro-cuerpo no te está ayudando en este momento a cumplir esa meta. La toma de conciencia o una verificación muscular proporcionan un sistema de evaluación personal para identificar áreas de comportamiento y funcionamiento que te impiden desarrollar lo mejor de ti. Realiza las sutiles actividades de preverificación que hay en las páginas 173-176, con el fin de identificar los circuitos bloqueados de tu cuerpo.

5. Registra cómo tu cerebro-cuerpo te ayuda en este momento, en relación con tu meta.

6. Permítete convivir con la incertidumbre

El cambio nos demanda que abandonemos nuestra vieja homeostasis (la manera en que respondemos a la vida y al cambio) y que temporalmente seamos capaces de **convivir con la incertidumbre** mientras el cerebro-cuerpo aprende un nuevo y mejor modo de manejarse. En ocasiones esto se presenta como un sentimiento de confusión o desorientación, que deberías reconocer como una etapa transitoria en el proceso de cambio que puedes superar usando los equilibradores del cerebro-cuerpo (ve el núm. 7) y permitiendo un tiempo para la integración. Aprende a reconocer este estado, y a darte tiempo y atención personal para atravesarlo, evitando ponerte en peligro cuando te sientas desorientado (conduciendo, por ejemplo).

Incertidumbre

6. Acepta convivir con la incertidumbre: muchas veces se presenta un sentimiento de confusión antes de alcanzar un nivel más elevado de integración.

7. Usa las técnicas de reeducación del cerebro-cuerpo para terminar el trabajo

No basta con conocerlas: debes comprometerte a utilizar las técnicas de reeducación que ahora posees, para llevar tu sistema cerebro-cuerpo a un nivel de funcionamiento más elevado –su nueva homeostasis. Este libro te ha proporcionado una maravillosa variedad de equilibradores específicos del cerebro-cuerpo, y te invita a utilizar otros sistemas que ya conoces. Puede tratarse de un pasatiempo, un deporte, una terapia, o algo tan simple como caminar o cantar una canción; cualquier cosa que te ayude a relajarte y enfocarte. Las modalidades que combinan el movimiento intencional y lento con el fluir grácil y equilibrado son las más adecuadas; por ejemplo, tai-chi, yoga, danza. Es importante tener presente que utilizas esa modalidad **intencionalmente para recrear una respuesta cerebral-corporal fluida y normal frente a estresores específicos**. Piensa en tu meta o en tu estresor mientras practicas las actividades equilibradoras. ¡Se trata de reeducar tu respuesta, y no simplemente de hacer algo que te gusta para escapar de la situación estresante!

7. ¡Recurre a los equilibradores del cerebro-cuerpo para completar el trabajo!

8. Postverificación para afianzar el nuevo aprendizaje

Para asegurarte de que el cambio sea genuino, el reconocimiento y la aceptación del nuevo aprendizaje por parte del cerebro-cuerpo debe echar raíces, o "anclarse". Repite todas las preverificaciones, practicando la toma de conciencia o la verificación muscular, y compara tu respuesta cerebral-corporal. ¿Has alcanzado el nivel de nueva integración que deseabas? Si es así, te darás por satisfecho y podrás avanzar hacia tu meta en un nuevo plano cerebral-corporal.

8. Asegura el progreso con la postverificación: ¿Te sientes mejor? ¿Eres más eficaz? ¿Las cosas te resultan más fáciles?

9. Comprométete con un plan de acción y con un mantenimiento

Ante los desafíos reales que se le presenten a tu cerebro, cuerpo e integración sensorial recientemente conseguidos, vale la pena estructurar un plan de 'mantenimiento' que incluya el uso de equilibradores cerebro-cuerpo para conservar tu flamante fluidez de funcionamiento. Reactivar los nuevos circuitos contribuye a su mielinización y refuerza la memoria de largo pla-

zo. También es aconsejable hacer una verificación de vez en cuando para averiguar si los estresores de la vida cotidiana te han desviado de tu estado óptimo. Si notas que éste es el caso, ¡usa los equilibradores cuerpo-cerebro!

9. Actúa para llegar a tu meta, conserva tu nuevo triunfo: la integración.

10. Celebra tus logros

Toma conciencia de qué es lo que ahora te resulta más fácil o fluye mejor. ¡Celebrar y alegrarse reduce el estrés y eleva los niveles de serotonina en el cerebro para hacer que todo sea todavía más fácil!

10. ¡Celebra!

Utiliza las siguientes páginas para adentrarte paso a paso en tu proceso de cambio personal.

Síntesis: proceso de cambio en diez pasos

1. Lograr un estado de equilibrio con los Seis ultra veloces y

_____

_____

2. Mi objetivo es liberarme de estrés acerca de (p. 169)

_____

_____

3. Voluntad de obtener beneficios de los Seis ultra veloces, y de la Liberación de estrés emocional (p. 175)

_____

_____

4. Visualizar y activar mi meta, escenificándola (p. 173)

_____

_____

5. Haz las preverificaciones (pp. 173-176). Mis áreas desequilibradas son:

❐ Electromagnética   ❐ Integración cerebro-cuerpo
❐ Emocional   ❐ Motricidad fina
❐ Visión   ❐ Audición

Noté que:

_____

_____

6. Estoy dispuesto a cambiar y a darme tiempo y lugar para el proceso (p. 177)

_____

_____

7. Comenzaré a trabajar sobre mi área problemática con los Seis ultra veloces y agregaré estas otras actividades (pp. 177 y 178):

Electromagnética

❏ Bebe agua

❏ Botones para equilibrar tu energía

❏ Ganchos de Cook

❏ Respiración polarizada

Integración cerebro-cuerpo

❏ Marcha cruzada

❏ Puntos para corregir el modo de caminar

❏ Mecedora

❏ Energetizador®

❏ Relajamiento de los músculos de las piernas

❏ Relajamiento de cuello y hombros

❏ Masajes contra la tensión y el dolor de cabeza

❏ Bostezo

Emocional

❏ Liberación de estrés emocional

❏ Rotación ocular

❏ Anclaje

Visión

❏ Ochos perezosos®

❏ Puntos oculares

❏ Palmas sobre los ojos

Audición

❒ Masajear orejas

❒ Búho®

❒ Liberación del cuello con Hipertón-X

Motricidad fina

❒ Ochos perezosos® para la escritura

❒ Ochos alfabéticos®

❒ Trébol®

8. Haz las verificaciones posteriores de la página 178-182. Nota los progresos

_____

_____

_____

Estoy satisfecho con mi nuevo nivel de funcionamiento:

❒ Sí   ❒ No

Si marcaste "sí", ya terminaste tu trabajo. Si marcaste "no", simplemente repite los pasos 6-8, agregando nuevas actividades equilibradoras hasta alcanzar el nivel de progreso deseado.

9. Haré mi plan de acción y escogeré actividades de mantenimiento de la página 183.

10. Celebraré mi nuevo aprendizaje (p. 184) de esta manera:

_____

_____

_____

_____

1. Parte de un estado de equilibrio

Practica los Seis ultra veloces, otros equilibradores del cerebro-cuerpo, PACE (Positivo, Activo, Claro y Energético) u otras actividades como tai-chi, yoga, caminar, darte un baño tibio; lo que sea que te ayude a integrar tu cerebro-cuerpo y te brinde una sensación de bienestar. Es recomendable encontrar un espacio cómodo, libre de distracciones. Comenzaré con:

_____

_____

2. Define una meta clara y positiva

¿Qué es lo que realmente quiero?

Tu meta puede ser tan simple como seguir trabajando para despejar las reacciones al estrés que notaste mientras leías este libro. Una vez satisfecho, seguramente desearás identificar las cuestiones vitales sobre las que quisieras trabajar. La mayor parte de las personas están tan absortas intentando caminar sobre el agua que no se dan cuenta hacia dónde van. ¡Es importante definir hacia dónde quieres ir, de modo que tu mente y tu cuerpo puedan trabajar en equipo para llegar! Si no puedes hacerlo, intenta con la "prueba del epitafio": Cuando mueras, ¿qué quieres que digan todos sobre el sentido de tu vida? ¿Qué es lo que valoras realmente en tu vida?

_____

_____

_____

_____

_____
_____

_____

Aunque pueda parecer simplista, esta "prueba del epitafio" te proporciona una perspectiva de lo que es y lo que no es importante en tus metas a largo plazo. Puedes comenzar de inmediato, eliminando o reduciendo los estresores, las personas y las expectativas irrelevantes para tu vida, que no contribuyen a tus verdaderos propósitos vitales. ¡Sé determinado! No digas 'sí' a todas las solicitudes de trabajo voluntario, ni a las invitaciones de personas que no te gustan en realidad. Considera tu tiempo y tu energía como bienes que debes valorar y emplear para tus propios fines. Utiliza las técnicas de manejo de estrés que has aprendido en este libro para que te resulte más fácil.

Determinación de metas[3]:

Recuerda establecer una meta:

1. **Específicamente definida**: clara y positiva

2. **Medible**: de modo que puedas evaluar tu progreso

3. **Alcanzable**: un tiempo razonable para alcanzar la meta

4. **Realista**: razonablemente puedes alcanzar la meta

5. **Planificada**: respáldala con un plan de acción

Ahora, compartiremos contigo un modelo simple para la determinación de metas a largo plazo para ayudarte a definir cuáles metas contribuirán más a tu propósito de vida. Te recomendamos que no escatimes tu tiempo para considerar cada una de las áreas que nutren una vida equilibrada. No te dejes intimidar por la tarea. Divide y triunfarás, sabiendo que en última instancia tendrás una nueva y brillante percepción de lo que realmente deseas, y que ahora posees herramientas eficaces para conseguirlo.

_____

3   Tomé el concepto de Planteamiento de metas inteligentes del doctor Wayne Topping, quien a su vez da el crédito a Charles Givens en su libro *Super Self*.

Considera tus metas personales de largo plazo. Identifica al menos una de cada categoría. Tómate el tiempo necesario para completar esta tarea, según tu conveniencia.

Carrera:

_____

_____

Familiar y social:

_____

_____

Físicas (programas de ejercicio, caminatas, entre otros):

_____

_____

Financieras:

_____

_____

De evolución personal (viajes, educación, pasatiempos):

_____

_____

Espirituales:

_____

_____

Para determinar eficazmente las metas, es necesario establecer un plan de acción que divida la tarea en partes manejables. Si deseas alcanzar una meta específica en cinco años, ¿qué es lo que tiene que estar resuelto de aquí a un año? Para que eso ocurra, ¿qué es necesario hacer en el próximo mes? Para facilitarlo, ¿qué preparativos tienes que hacer esta semana? Las grandes metas se logran paso por paso. Más sobre determinación de metas en *Success over Distress*, p. 67, de Wayne Topping, y en *Wishcraft*, de Barbara Sher.

3. La voluntad de estar mejor

Usa afirmaciones positivas que ayuden a liberar tu voluntad de facilitar el proceso. Cuántas veces nos saboteamos a nosotros mismos por baja autoestima. Trabaja con estas afirmaciones o crea otras positivas acerca de tu meta, registrando el efecto que tienen sobre tu cerebro-cuerpo. Despéjate usando los Puntos positivos®, las rotaciones oculares, y otras actividades de integración. Piensa de nuevo en tu afirmación y registra cualquier mejora en la reacción cerebro-cuerpo. Las siguientes fueron extraídas de *Success Over Distress* y de *Stress Release*, del doctor Wayne Topping.

Autoestima	**Finanzas**
1. Me gusto	1. Soy exitoso
2. Me quiero	2. Todos están felices de pagar por mis servicios
3. Me quiero incondicionalmente	3. Está bien tener dinero
4. Soy una persona valiosa	4. Me doy cuenta y desecho ideas limitantes acerca de ganar y tener dinero
5. Merezco aprecio, admiración y respeto	5. Merezco la abundancia
Postergación	**Determinación de metas**
1. Las personas me aprueban	1. Determino mis metas con facilidad
2. Soy exitoso	2. Automáticamente pienso con decisión y determinación
3. Acepto las consecuencias de mis decisiones	3. Me gusta ser responsable
4. No hay nada de malo en sentir ansiedad	4. Sé lo que quiero de la vida
5. Termino lo que comienzo	5. Tengo el poder de realizar mis sueños

Éxito	Pérdida de peso
1. Estoy orgulloso de mis logros	**1.** Como para vivir
2. Tengo mucha energía para lograr lo que deseo	**2.** Creo que puedo perder peso
3. Tengo determinación, iniciativa y confianza	**3.** Deseo perder peso
4. Me gusta resolver las cosas	**4.** Me gusta mi cuerpo
5. Merezco ser exitoso	**5.** Merezco una buena figura

4. Activa la meta: visualiza y escenifica una acción relevante

Imagino:

1. _____

2. _____

Hago:

1. _____

2. _____

5. Diagnostica tu funcionamiento actual: la preverificación

Preverificación general

1. Después de realizar una actividad física relativa a tu meta, y pensando en ella, registra objetivamente cómo está reaccionando tu cuerpo. Recuerda, no existen reacciones correctas o incorrectas, sino sólo lo que es. Toma nota de tu postura en relación al suelo. (Por ejemplo, erguido, inclinándote hacia adelante, hacia atrás o a los lados.)

2. Registra cualquier tensión, dolor o debilidad en tu cuerpo. ¿Dónde se localiza? (Piernas, espalda, hombros, cuello, estómago, pecho, garganta, mandíbula.)

3. Mira algún objeto frente a ti. ¿Lo ves clara o borrosamente?

4. Escucha un sonido en la habitación. ¿Es débil o resonante? ¿Escuchas igual por ambos oídos?

5. Levanta tus brazos 30° frente a ti. ¿Te resulta fácil, o requiere de esfuerzo? ❐ Fácil ❐ Difícil

6. Sostén tus brazos en esta posición durante 30 segundos ¿Es fácil o difícil? ❐ Fácil ❐ Difícil

7. Examina todo lo que sientes, pues son los aspectos más interesantes de tu reacción corporal cuando pensaste en tu reto o meta, y cuando la actuaste.

Ahora que has analizado las respuestas generales de tu cuerpo, continúa con preverificaciones más específicas de tu elección.

Electromagnetismo

1. ¿Estás atento y alerta? ❐ Sí ❐ No

2. ¿Estás enfocado? ❐ Sí ❐ No

3. ¿Tu concentración y tu capacidad de comprensión son buenas? ❐ Sí ❐ No

4. ¿Tu cabeza está despejada? ❐ Sí ❐ No

5. ¿Te sientes relajado? ❐ Sí ❐ No

Cerebro-cuerpo

1. Haz un poco de Marcha cruzada, con brazo y pierna opuestos.

2. Siéntate rápidamente y verifica tus cuadriceps:
   a. Levanta tu pierna y empuja el muslo hacia abajo. ¿Tu pierna se sostiene? ❐ Sí ❐ No

b. Aprieta el vientre del músculo, y empuja hacia abajo otra vez. ¿El músculo se relaja? ❏ Sí ❏ No

c. Jala el vientre del músculo y vuelve a checarlo. ¿El músculo se ha vuelto fuerte otra vez? ❏ Sí ❏ No

3. Revisa tu coordinación: Sujeta tu nariz con la mano izquierda y tu oreja izquierda con la mano derecha. Ahora cambia: la mano izquierda sujeta la oreja derecha, y la mano derecha sujeta la nariz. Cambia de nuevo. Y otra vez. ¿Pensar y hacer al mismo tiempo te resulta fácil o difícil? ❏ Fácil ❏ Difícil

Estrés emocional

Piensa en una situación estresante relacionada con tu meta específica. Registra las reacciones físicas de tu cuerpo cuando visualizas la situación emocionalmente estresante.

Visión

Averigua si tus ojos sufren de estrés. Marca el casillero si notas alguna incomodidad, tensión o molestia mientras haces lo siguiente:

❏ Mira hacia arriba   ❏ Mira hacia abajo

❏ Mira a la izquierda   ❏ Mira a la derecha

❏ Cubre tu ojo derecho   ❏ Cubre tu ojo izquierdo

❏ Sigue un trayecto con los ojos de izquierda a derecha como al leer (20 veces)

❏ Mira algo cercano   ❏ Mira algo lejano

❏ Saluda con tu mano a un lado de tu cabeza mientras miras hacia adelante (visión periférica)

❏ Lee en voz alta   ❏ Lee en silencio

Audición

Al hacer los ejercicios, registra la calidad del sonido, tu comprensión de lo que escuchas y cualquier tensión en el cuerpo. Marca los casilleros de las actividades que te hayan resultado difíciles:

❒ Vuelve tu cabeza a la derecha y escucha un sonido.

❒ Vuelve tu cabeza a la izquierda y escucha un sonido.

❒ Cubre tu oído derecho y escucha.

❒ Cubre tu oído izquierdo y escucha.

❒ Lee en voz alta y registra tu grado de fluidez y tu tono.

❒ Pide a alguien que te diga un número telefónico de ocho dígitos y repítelo (activación de la memoria de corto plazo).

❒ Recuerda de inmediato qué desayunaste (memoria reciente).

❒ ¿Cuál era tu juguete favorito cuando eras un niño? (memoria de largo plazo)

❒ Suma algunos números (activación de las matemáticas).

❒ Pide a alguien que te diga una palabra y deletréala.

Motricidad fina

1. Piensa en un proyecto de escritura, y comienza por hacer un boceto en una hoja de papel: ¿Cómo te sientes física, emocional y mentalmente?

2. Escribe una oración en una hoja de papel. Registra la calidad de tu escritura.

3. Mira a las secciones izquierda, media y derecha de esa línea. ¿Alguna de ellas parece diferente? ¿Cómo?

4. Escribe el alfabeto: a b c d e f, etcétera. ¿Alguna letra es diferente?

5. Dibuja rizos. *ℓℓℓℓ*

6. Permítete convivir con la incertidumbre

Recuerda que puede presentarse un sentimiento de desorientación cuando identificas la necesidad de mejores conexiones neuronales e integración cerebro-cuerpo. Bríndate el tiempo y el espacio para recuperar tu centro y claridad sin riesgos, practicando los equilibradores (abajo), o cualquier otro cuidado que tu cuerpo demande (¡incluyendo el dormir bien!).

Me daré tiempo y espacio para:

_____

_____

_____

_____

7. Usa los equilibradores cerebro-cuerpo para terminar el trabajo

Elige de entre las diversas técnicas que has aprendido en este libro, o de lo que ya conoces y te parezca conveniente. Luego repite el Paso 4, la visualización y escenificación de la acción, y registra si tu funcionamiento resulta más fluido.

Electromagnética	**Emocional**
❏ Bebe agua	❏ Liberación de estrés emocional
❏ Botones para equilibrar tu energía	❏ Rotación ocular
❏ Ganchos de Cook	❏ Anclaje
❏ Respiración polarizada	

Integración cerebro-cuerpo	**Visión**
❏ Marcha cruzada	❏ Ochos perezosos®
❏ Puntos para corregir el modo de caminar	❏ Puntos oculares
❏ Mecedora	❏ Palmas sobre los ojos
❏ Energetizador®	
❏ Relajamiento de los músculos de las piernas	**Audición**
❏ Relajamiento del cuello y los hombros	❏ Masajear orejas
	❏ Búho®
❏ Masajes contra la tensión y el dolor de cabeza	❏ Liberación del cuello con Hipertón-X
❏ Bostezar	**Motricidad fina**
	❏ Ochos perezosos® para la escritura
	❏ Ochos alfabéticos®
	❏ Trébol®

8. Anclaje. Asegurando el nuevo aprendizaje: verificación posterior

Electromagnetismo

1. ¿Estás más atento y alerta? ❏ Sí ❏ No

2. ¿Estás más enfocado? ❏ Sí ❏ No

3. ¿Tu concentración y capacidad de comprensión mejoraron? ❏ Sí ❏ No

4. ¿Tu cabeza está más despejada? ❏ Sí ❏ No

5. ¿Te sientes más relajado? ❏ Sí ❏ No

6. ¿Te encuentras libre de signos físicos de estrés? ❏ Sí ❏ No

Cerebro-cuerpo

1. Piensa en un reto de tu vida. Registra las respuestas de tu cuerpo y cómo te sientes. ¿Es diferente de la preverificación?

2. Actúa la acción relacionada con tu meta usando todo tu cuerpo. ¿Se siente diferente?

3. Haz un poco de Marcha cruzada, con brazo y pierna opuestos. ¿Resulta más fácil?

4. Siéntate, y haz una verificación muscular de tus cuadriceps:

  a. Levanta tu pierna y empuja el muslo hacia abajo. ¿Tu pierna se sostiene? ❑ Sí ❑ No

  b. Aprieta el vientre del músculo y empuja hacia abajo otra vez. ¿El músculo se relaja? ❑ Sí ❑ No

  c. Jala del vientre del músculo y vuelve a checarlo. ¿El músculo se ha vuelto fuerte otra vez? ❑ Sí ❑ No

5. Revisa tu coordinación: Sujeta tu nariz con la mano izquierda y tu oreja izquierda con la mano derecha. Ahora cambia: la mano izquierda sujeta la oreja derecha, y la mano derecha sujeta la nariz. Cambia de nuevo. Y otra vez. ¿Pensar y hacer al mismo tiempo te resulta más fácil? ❑ Sí ❑ No

6. ¿Estas actividades te han indicado que ahora existe una comunicación fluida entre cerebro y músculos, o crees que debes profundizar la integración? ❑ Sí ❑ No

Necesito profundizar la integración en:

_____

Estrés emocional

Piensa otra vez en una situación estresante. Registra las diferencias y los progresos respecto de tu reacción ante el estresor. ¿Hay alguna diferencia en cómo te sientes emocionalmente?

Me doy cuenta de:

_____

_____

_____

Visión

Marca el casillero si notas alguna incomodidad, tensión o molestia mientras haces lo siguiente:

❑ Mira hacia arriba   ❑ Mira hacia abajo

❑ Mira a la izquierda   ❑ Mira a la derecha

❑ Cubre tu ojo derecho   ❑ Cubre tu ojo izquierdo

❑ Sigue un trayecto con los ojos de izquierda a derecha como al leer (20 veces)

❑ Mira algo cercano   ❑ Mira algo lejano

❑ Saluda con tu mano a un lado de tu cabeza mientras miras hacia adelante (visión periférica)

❑ Lee en voz alta   ❑ Lee en silencio

¿Cuáles son las diferencias que registras en tu verificación?

_____

_____

Audición

Al hacer las verificaciones, toma nota de la calidad del sonido, tu comprensión de lo que escuchas y cualquier tensión en el cuerpo. Marca los casilleros de las actividades que te hayan resultado difíciles:

❑ Vuelve tu cabeza a la derecha y escucha un sonido.

❑ Vuelve tu cabeza a la izquierda y escucha un sonido.

❏ Cubre tu oído derecho y escucha.

❏ Cubre tu oído izquierdo y escucha.

❏ Lee en voz alta y registra tu grado de fluidez y tu tono.

❏ Pide a alguien que te diga un número telefónico de 7 dígitos y repítelo (activación de la memoria de corto plazo).

❏ Recuerda de inmediato qué desayunaste (memoria reciente).

❏ ¿Cuál era tu juguete favorito cuando eras un niño? (memoria de largo plazo).

❏ Suma algunos números (activación de las matemáticas).

❏ Pide a alguien que te diga una palabra y deletréala.

¿Notas algunas diferencias distintivas después de tus preverificaciones?

_____

_____

_____

Motricidad fina

1. Retoma tu proyecto de escritura. ¿Te resulta más fácil?

2. Escribe una oración en una hoja de papel. Registra la calidad de tu escritura.

3. Mira a las secciones izquierda, media y derecha de esa línea. ¿Alguna de ellas parece diferente? ¿Cómo?

4. Escribe el alfabeto: a b c d e f, etcétera. ¿Alguna letra es diferente?

5. Dibuja rizos.

6. Deseo ver más mejoras. ❏ Sí ❏ No

7. Necesito practicar más técnicas equilibradoras del cerebro-cuerpo. ❏ Sí ❏ No

Verificaciones posteriores generales

1. Párate cómodamente y piensa en tu reto o meta una vez más. Ahora registra con objetividad cómo está reaccionando tu cuerpo. Recuerda, no existen reacciones correctas o incorrectas, sino sólo lo que es. Nota cualquier diferencia con respecto a la preverificación. Revisa tu postura en relación con el suelo (si estás erguido, inclinándote hacia adelante, hacia atrás o a los lados).

2. Registra cualquier tensión, dolor o debilidad en tu cuerpo. ¿Dónde se localiza? (Piernas, espalda, hombros, cuello, estómago, pecho, garganta, mandíbula).

3. Mira algún objeto frente a ti. ¿Lo ves clara o borrosamente?

4. Escucha un sonido en la habitación. ¿Es débil o resonante? ¿Escuchas igual por ambos oídos?

5. Levanta tus brazos 30° frente a ti. ¿Te resulta fácil, o requiere de esfuerzo?

   ❒ Fácil   ❒ Difícil

6. Sostén allí tus brazos durante 30 segundos ¿Es fácil o difícil?

   ❒ Fácil   ❒ Difícil

7. Examina todo lo que sientes, pues son las reacciones más interesantes que detectaste en tu cuerpo cuando hiciste tu postverificación. ¿Qué significan?

¿Aún desearías profundizar el trabajo sobre alguna reacción corporal en particular? ¿Cuáles técnicas usarías?

_____

_____

_____

_____

_____

_____

9. Mi plan de acción personal

1. Mi objetivo es librarme de todo resto de estrés relacionado con:

_____

_____

2. Cómo quiero sentirme internamente:

_____

_____

3. Cómo deseo modificar aquello que provoca mis viejos hábitos de conducta:

_____

_____

4. Mi campo de acción: lo que estoy dispuesto a hacer:

_____

_____

5. Utilizaré estos equilibradores cuerpo-cerebro para preservar con facilidad mi nueva integración:

_____

_____

Electromagnética	**Audición**
❏ Bebe agua	❏ Masajear orejas
❏ Botones para equilibrar tu energía	❏ Búho®
❏ Ganchos de Cook	❏ Liberación del cuello con Hipertón-X
❏ Respiración polarizada	

Integración cerebro-cuerpo	**Motricidad fina**
❏ Marcha cruzada	❏ Ochos perezosos® para la escritura
❏ Puntos para corregir el modo de caminar	❏ Ochos alfabéticos®
❏ Mecedora	❏ Trébol®
❏ Energetizador®	**Emocional**
❏ Relajamiento de los músculos de las piernas	❏ Liberación de estrés emocional
❏ Relajamiento del cuello y los hombros	❏ Rotación ocular
❏ Masajes contra la tensión y el dolor de cabeza	❏ Anclaje
❏ Bostezar	**Visión**
	❏ Ochos perezosos®
	❏ Puntos oculares
	❏ Palmas sobre los ojos

6. Los pondré en práctica _____ veces (número de veces al día; tres es un buen promedio)

Continuaré durante _____ semanas (número de semanas; tres semanas es un buen lapso para lograr un cambio.)

7. Periódicamente haré verificaciones para asegurarme de que no existan nuevos estresores que comprometan mi integración.

8. Deseo anotar y recordar que quizá próximamente comience a trabajar sobre (escoge un área):

_____

10. Celebra tu logro

Así como estimula la producción de los mensajeros químicos del bienestar, el ritual de una celebración sirve también para consolidar ("anclar") tu nuevo nivel de habilidad y de comunicación cerebro-cuerpo. Puede ser algo tan simple como gritar "¡Sí!" Entonces, ¡dedica un momento a festejarte!

Celebraré mis progresos de la siguiente manera:

_____

_____

_____

_____

_____

Estaré monitoreando todos los pasos de mi proceso de cambio en la hoja de síntesis de la página 166.

Vuelve a aplicar estos pasos con los nuevos retos o metas

Cuando te sientas preparado, dispuesto y capacitado, vuelve a comenzar en el número uno con el próximo paso que escogiste para trabajar en pos de un mejor funcionamiento. La vida es un proceso, entonces… ¿por qué no convertirla en una evolución ascendente? Al estar conscientes de cómo actuamos y reaccionamos en el mundo, podemos reeducar nuestro cerebro-cuerpo para volvernos más efectivos.

No olvides que a lo largo de la vida, los modelos anticuados conocidos de circuitos bloqueados (mentales, físicos y emocionales) se reactivarán una y otra vez a causa de un estresor relacionado, hasta que nuestro nuevo funcionamiento equilibrado se convierta en la reacción familiar de nuestro cerebro-cuerpo. No te desanimes. Puedes buscar ayuda profesional o estudiar técnicas más avanzadas…

Nota: Para un mayor dominio de la prueba de la respuesta muscular aconsejamos acudir a talleres profesionales de Kinesiología Educativa o de Toque para la salud.

NOTAS

12

Referencias

Podemos modificar nuestra memoria celular cada vez que tomamos la decisión de hacerlo, tanto psicológica como físicamente. De la misma forma en que podemos reentrenar a las células musculares para realizar nuevas funciones, podemos reentrenar las neuronas de la memoria del cerebro.

GORDON STOKES y DANIEL WHITESIDE,
Tools of the Trade, p. 72.

Qué sigue

¿Qué hacer a continuación? Si así lo decides, puedes beneficiarte con mayores exploraciones y nuevas habilidades de aprendizaje en las áreas de:

- Organización personal
- Integración sensorial y desarrollo de la percepción
- Manejo y liberación del estrés
- Condicionamiento físico y mental
- Técnicas de autoayuda para una mayor calidad de vida
- Aprendizajes basados en la neurofisiología cerebral
- Planes de acción y establecimiento de metas de corto y largo plazos

Encontrarás en las librerías muchísimos recursos que pueden apoyar en forma excelente tu desarrollo personal. Recomendamos particularmente el libro del doctor Wayne Topping, *Success Over Distress*, como material de apoyo y complemento a las áreas mencionadas anteriormente, la edición para padres y maestros *Cómo aprender mejor con Gimnasia para el cerebro®*, y la edición del maestro *Aprende mejor con Gimnasia para el cerebro®*, del doctor Paul E. Dennison y Gail E. Dennison, donde se describen detalladamente los fundamentos de las actividades de integración cerebro-cuerpo.

Las clases de Kinesiología especializada te permiten avanzar más rápidamente para identificar y liberar alteraciones que perjudican tu bienestar mental, físico y emocional.

Los cursos avanzados de Gimnasia para el cerebro®, Kinesiología Educativa y de Kinesiología de Toque para la salud (ve la página siguiente para información) o Aprendizaje Brillante® (p. 204) son posibilidades sumamente interesantes y prometedoras para el descubrimiento y desarrollo personal, así como la mejora del rendimiento intelectual, académico y profesional.

En los cursos certificados de Kinesiología se enseña la prueba de la respuesta muscular como medio para lograr la bio-retroalimentación entre el cuerpo y el cerebro. Como ya se ha descrito, la prueba muscular nos aporta una lectura del estado "estrés-libre de estrés" en los sistemas mental, físico y emocional.

Para encontrar instructores-facilitadores avalados cercanos a ti, por favor remítete a las organizaciones enumeradas en la página siguiente. **Cerciórate de la calidad y experiencia de las personas a las que acudas para una consulta kinesiológica, pues las organizaciones internacionales acreditan la licencia de uso de sus sistemas, mas se abstienen de presentarse como entidades certificadoras.**

Oportunidades educativas

Si deseas informarte sobre cursos y otros materiales didácticos en relación con la Kinesiología Educativa y de Toque para la salud, así como de sistemas educativos de vanguardia, por favor, contacta con alguna de las organizaciones que enlistamos a continuación:

Gimnasia para el cerebro® (Brain Gym®)
También conocida como Kinesiología Educativa, es uno de los 12 mejores programas "que llevan excelencia al salón de clase y han demostrado resultados efectivos", de acuerdo con el Departamento de Aprendizaje Innovador de la Casa Blanca, Washington, DC. Desarrollada originalmente para superar desafíos y problemas de aprendizaje, la Kinesiología Educativa se utiliza actualmente por educadores, estudiantes, artistas, atletas y el público en general, para crear cambios positivos en múltiples facetas de la vida.

Centro Integral de Kinesiología Aplicada CIKA®, S.C.
Distribuidores autorizados de material, libros y cursos de Gimnasia para el Cerebro® (Brain Gym®) en lengua española.
Guerrero 94, Col. del Carmen,
Coyoacán, México D.F., C.P. 04100.
Teléfonos: 5659 7493 y 5554 9572.
www.cika.com.mx

Toque para la salud
Toque para la salud es la kinesiología que sirve como cimiento a múltiples desarrollos especializados que existen en la actualidad. Es un sistema de autoayuda y de ayuda a los demás que se fundamenta en los principios de la respuesta muscular y su relación con los sistemas de meridianos de la medicina tradicional china para evaluar el estado de equilibrio fundamental entre el cerebro, el cuerpo y la emoción.

Una vez que detectamos desequilibrios o bloqueos energéticos en el cuerpo de la persona, la Kinesiología de Toque para la salud nos aporta protocolos de equilibrio-balanceo para ayudar a la persona a que retorne al bienestar, y desde éste, reactivar los mecanismos innatos del cuerpo de autocuración y autorregeneración.

Dentro de sus beneficios, la Kinesiología de Toque para la salud nos instruye en técnicas sencillas, pero sumamente efectivas, para la liberación de estrés emocional, de tensión físico-muscular, del dolor, mejora de la nutrición, manejo de alergias y reorganización de la postura corporal.

Touch for Health Kinesiology Association of America

www.touchforhealth.us, www.touch4health.com

Bibliografía y materiales recomendados

* Indica una buena elección para un tema introductorio

Armstrong, Thomas, 7 *Kinds of Smart*, Plume, Penguin Books, Nueva York, 1993.

Barhydt, Hap y Elizabeth Barhydt, *Self Help for Stress and Pain*. Loving Life, 1989 disponible por medio de Touch For Health Kinesiology Association of America.

Barrett, Susan L., *It's all in Your Head*, Free Spirit Publishing, Inc., Minneapolis, 1992.

Begley, Sharon, *How to Build a Baby's Brain*, Newsweek Magazine, Special Edition "Your Child", primavera/verano, Nueva York, NY, 1997.

Blaylock, Russell L., *Excitotoxins; The Taste that Kills*, Health Press, Santa Fe, NM, 1994.

Bryan, Jenny, *Your Amazing Brain*. Joshua Morris Publishing, Inc., Westport, 1995.

Bruun, Ruth Dowling, y Bertel Bruun, *The Human Body*, Random House, Nueva York, 1982.

Buzan, Tony y Barry Buzan, *The Mind Map Book*, BBC Books, Londres, 1993.

Chopra, Deepak, *Quantum Healing: Exploring the Frontiers of Mind/Body Medicine*, Bantam Books, Nueva York,1989.

Cole, Jan, *Re-Pattem Your Sabotaging Ways*, 1985 disponible por medio de Touch for Health Kinesiology Association of America.

Damasio, Antonio R., *Descartes' Error: Emotion, Reason, and the Human Brain*, Avon, Nueva York, 1995.

Davis, Joel, *Mapping the Mind: The Secrets of the Human Brain & How it Works*, Carol Publishing Group, Secaucus, 1997.

Deal, Sheldon, *Applied Kinesiology Workshop Manual*, New Life Publishing, Co., Tucson, Arizona, 1973.

De Bono, Edward, *Serious Creativity. Harper Collins*, Toronto, Canada, 1992.

Dennison, Paul E. y Dennison, Gail E., *Manual de Gimnasia para el cerebro*, Arte del Cambio, México, 2002.

——, *Aprende major con Gimnasia para el cerebro*, Editorial Pax México, México, 2003.

——, *Cómo aplicar Gimnasia para el cerebro*, Editorial Pax México, México, 2003.

——, *Switching On*, Edu-Kinesthetics, Inc., Ventura, California, 1981.

Dennison, Paul E., *The Physical Aspect of Brain Organization*, Brain Gym Journal, vol. 10, núm. 3, diciembre, 1996.

De Porter, Bobbie y Kernacki Mike, *Quantum Business*. Dell Publishing, Nueva York, 1997.

*De Porter, Bobbie, *Quantum Learning*, Dell Publishing, Nueva York, 1992.

Dryden, Gordon y Jeanette Vos., *The Learning Revolution*, Jalmar Press, Rolling Hills Estates, California, 1994.

Gardner, Howard, *Frames of Mind: The Theory of Multiple Intelligences*, Basic Books, Nueva York, 1985.

Gerber, Richard, *Vibrational Medicine. New Choices for Healing Ourselves*, Bear & Company, Santa Fe, 1988.

Goodrich, Janet, *Natural Vision Improvement*, Celestial Arts, Berkeley, 1986.

*Hannaford, Carla, *Aprender moviendo el cuerpo*, Editorial Pax México, 2008.

Hannaford, Carla, *Cómo aprende tu cerebro*, Editorial Pax México, 2011.

*Holdway, Ann, *Kinesiology; Muscle Testing and Energy Balancing for Health and Wellbeing*. Chrysalis Group, PLC, Bramley Road, Londres, W10 6SP, Element, Inc., Rockport, 1995.

Howard, Pierce J., *The Owner's Manual for the Brain*, Leornian Press, Austin, 1994.

Jensen, Eric, *Brain Based Learning & Teaching*, Turning Point Publishing, Hauppauge, Nueva York, NY, 1995.

*Jensen, Eric, *Brain Compatible Strategies*, Turning Point Publishing, Del Mar, CA 1997.

Jensen, Eric, *Completing the Puzzle*, Turning Point Publishing, Hauppauge, Nueva York, 1996.

*Jensen, Eric, *Student Success Secrets*, Turning Point Publishing, Hauppauge, Nueva York, 1993.

Jensen, Eric, *The Learning Brain*, Turning Point Publishing, San Diego 1994.

Kapit, Wynn y Lawrence M. Elson, *The Anatomy Coloring Book*, Harper & Row, Nueva York, 1977.

Kotaluk, Ronald, *Inside the Brain, Revolutionary Discoveries of How the Mind Works*, Andrews Mcmeel Publishing, Kansas City, 1996, 1997.

LeDoux, Joseph, *The Emotional Brain: The Mysterious Underpinnings of Emotional Life*, Simon & Schuster, Nueva York, 1996.

Maguire, John, *Become Pain Free With Touch For Health*, Kinesiology Institute, Malibu, 1996.

Mathers, Douglas, *You and Your Body: Brain*, Troll Associates, Eagle Books, Ltd., 1992.

*Miller, Jonathan, *The Human Body*, Viking Penguin, Nueva York, 1983.

Nash, Madeleine J., *Fertile Minds*, Time Magazine, Canadian Edition, 9 de junio de 1997.

Noonan, David, *Neuro-Life on the Frontlines of Brain Surgery and Neurological Medicine*, Simon & Schuster, Nueva York, 1989.

*Parker, Steve, *How the Body Works*, Reader's Digest, Pleasantville, 1994.

*Parker, Steve, *Brain Surgery for Beginners and Other Major Operations for Minors*, The Millbrook Press, Brookfield, 1993.

*Pert, Candace, *Molecules of Emotion*, Scribner, Nueva York, 1997.

*Promislow, Sharon, *Putting Out the Fire of Fear*, Enhanced Learning & Integration, Inc., Vancouver, Canadá, 2002.

*Promislow, Sharon, *The Top Ten Stress Releasers*, Enhanced Learning & Integration, Inc, West Vancouver, 1994.

*Sacks, Oliver, *An Anthropologist on Mars*, Random House, Inc,. Nueva York, 1995.

Sher, Barbara y Gottlieb, Annie, *Wishcraft: How to Get What You Really Want*, Ballantine Books, Nueva York, 1979.

Stokes, Gordon y Daniel Whiteside, *One Brain: Dyslexic Learning Correction and Brain Integration*, Three in One Concepts, Burbank, 1984.

*Stokes, Gordon y Daniel Whiteside, *Tools of the Trade, Three In One Concepts*, Burbank, 1996.

Sunbeck, Deborah, *Infinity Walk; Preparing your Mind to Learn*, Jalmar Press, Torrence, 1996.

Suzuki, David, *The Brain: Our Universe Within*, The Discovery Channel, 1994.

Swerdlow, Joel L., *Quiet Miracles of the Brain*, National Geographic, Washington, vol. 187, núm. 6 de junio de 1995.

*Sylwester, Robert, *A Celebration of Neurons*, Association for Supervision and Curriculum Development, Alexandria, 1995.

Teplitz, Jerry, *Éxito con gimnasia para el cerebro*®, Editorial Pax México, México, 2005.

Teplitz, Jerry, *Conéctate con la vida*, Panorama Editorial, México, 2000.

*Thie, John, *Kinesiología de Toque para la salud*, Editorial Índigo, España, 1998.

Topping, Wayne, *Stress Release*, Topping International Institute, Bellingham, 1985.

*Topping, Wayne, *Success Over Distress*, Topping International Institute, Bellingham, 1990.

*Van der Meer, Ron y Ad Dudink, *The Brain Pack*, Running Press, Filadelfia, 1996.

Índice analítico

A

Actividades

Anclaje, 160, 167, 177, 184

Bebe agua, 37, 61, 158, 160, 167, 177, 183

Bostezo, 123, 167, 178, 184

Búho®, 83, 142, 160, 167, 178, 183

Conectarme para equilibrar energía, 37, 62, 167, 171, 183

Deshazte de la tensión y dolor de cabeza, 122

Energetizador®, 83, 120, 159, 167, 178, 184

Eres todo oídos, 142, 160

Gancho de Cook, 38, 95, 157, 159, 160

Hipertón-X Relajamiento del cuello, 143, 168, 178, 183

Liberación de los músculos de la pierna, 121, 159, 167, 178, 184

Marcha cruzada, 37, 85, 116, 117, 157, 160, 167, 178, 184

Mecedora, 120, 160, 184

Ochos alfabéticos®, 85, 150, 159, 160, 168, 178, 184

Ochos perezosos® para escribir, 149, 160, 168, 178, 184

Ochos perezosos® para la vista, 160

Palmas sobre los ojos, 137, 159, 167, 178, 184

Puntos oculares, 39, 136, 156 157, 160, 167, 178, 184

Puntos para liberar el estrés emocional, 94

Puntos positivos®, 16, 38, 94-96, 136-137, 160, 167, 172

Puntos reflejo para corregir el modo de andar, 85, 118, 160, 167, 178, 184

Relajamiento de cuello y hombros, 122, 162, 178

Respiración polarizada, 65, 66, 160, 167, 177, 183

Respiración profunda, 124

Rotación ocular, 96-97, 159, 160, 162, 167, 172, 177, 184

Seis ultra veloces, 7, 37-39, 158, 161, 166

Trébol®, 150, 168, 178, 184

Actividades para reflexionar, 7

acupresión, 11, 17, 39, 61, 123, 142

acupuntura, 16, 59, 63

afirmaciones, 162, 172

alarma, fase de, 48-50, 77

amígdala, 78-79, 90, 139

anclaje, 26, 97, 155, 160, 167, 177, 178, 184

dolor, alivio del, 17, 96

Anclaje, ve Actividades, anclaje

angustia, 44, 189, 195

aprendizaje, 7-13, 18, 19, 33, 48-50, 75, 83-86, 91, 106, 112, 140, 154, 189-191

aprendizaje basado en el cerebro (Brain-Based Learning), 10

aprendizaje brillante, 204

axón, 74, 75

Ayres, Jean 107

B

Barhydt, Hap y Elizabeth, 63, 193

Beber agua, 37, 61, 158-160, 167, 177, 183

Bennett, Terrance, 16

bienestar, 45, 158, 189

bienestar continuo, 45

bio-retroalimentación, 26, 109, 190

Blaylock, Russell, 77

bombeo sacro-espinal (Mecedora), 119, 160, 184

bostezo, 123

Botones para equilibrar la energía, 37, 62, 167, 177, 183

Búho®, 83, 142, 160, 167, 178, 183

C

campo medio, 85, 116, 133-135, 149

campo visual medio, 133-135, 149

Células nerviosas, 74, 75, 80

células neuromusculares, 98, 108, 109

cerebro
    amígdala, 78-79, 90, 139
    cerebelo, 78, 79, 116
    cerebro medio, 76, 77, 78, 84, 90

    cerebro posterior, 48, 51, 63, 72, 77-78, 154
    corteza cerebral, 79-84, 91, 92, 140
    cuerpo calloso, 78, 80, 85, 134-138
    ganglio basal, 78-79, 106
    gestalt, 35,134
    glándula pineal, 78, 79
    glándula pituitaria, 78, 79
    hemisferio del conjunto, 80
    hemisferio derecho, 65, 73, 138
    hemisferio izquierdo, 65, 138
    hemisferio lógico, 80, 139
    hipocampo, 78, 79, 90
    hipotálamo, 65, 78, 79, 90
    lógico, 35, 133
    sistema de activación reticular, 78, 82-83, 106, 116
    tálamo, 78-79, 130
    tronco encefálico, 74, 77-78, 83-84, 106, 121

cerebro medio, 76-78, 84, 90

cerebro posterior, 48, 51, 63, 72, 77, 78, 154

cerebelo, 78, 79, 91, 105, 116

Chapman, Frank, 16

cinestesia, 82-83, 108-109, 131

cinta de Moebius, 10, 103

circuito bloqueado, 13-14, 92, 95, 97-98, 129, 132

Conceptos Tres en Uno, 13, 93, 195

Cook, Wayne, 63-65, 95, 159, 160

corteza cerebral, 72, 76-78, 79-82, 84, 91, 92, 95, 140

corteza motora, 79-81, 105-107

corteza sensorial, 81

cuerpo calloso, 78, 80, 85, 134

D

Domasio, Antonio, 89-90, 193

Deal, Sheldon, 66, 193

definición de metas, 5, 162, 170-71

Dimensión de centraje, 84

dendritas, 74

Dennison, Paul y Gail, 32, 58, 65, 82, 140, 154, 193

deshacerse de la tensión y dolores de cabeza, 122

desempeño, 8, 9, 13-19, 24-26, 36, 56, 110, 113

Desorden de déficit de atención, 15, 82, 107

Diez mejores integradores cerebro-cuerpo, 160

Diez mejores liberadores del estrés, 160

Dimensión de enfoque, 82-83

Dimensión de lateralidad, 82-85

dimensiones cerebrales
    Dimensión de centraje, 82
    Dimensión de enfoque, 82, 83, 107
    Dimensión de lateralidad, 82-85

dolor de cabeza, puntos para aliviarlo, 122

dolor, alivio del, 17, 96

Dryden, Gordon, 71, 194

E

Edwards, Rita, 147

equilibradores cerebro-cuerpo ve Actividades

equilibrio, 6, 15, 26, 36, 45-47, 60, 65-66, 77, 82-83, 105-106, 116, 118, 139, 155

equilibradores
    equilibradores cerebro-cuerpo, 7, 116, 119, 125
    equilibradores electromagnéticos, 17, 60-65, 84
    equilibradores emocionales, 84, 94-98, 130
    equilibradores motricidad fina, 149, 150
    equilibradores de los sentidos, 135-136, 142-143

electromagnético, 16-17, 37, 60, 65, 74, 84, 153-154, 166, 174, 177-178

emociones, 14-15, 79, 89, 91, 104, 105

Energetizador®, 83, 120, 159, 167, 178, 184

ensayo mental, 29, 91, 94, 159, 160

Eres todo oídos, ve Actividades

espacios sinápticos, 75, 104

estado (estadio), 10-11, 36, 55, 63, 81, 89-90, 97, 103, 107, 124, 156, 161, 204

estado de sobrecarga, 48, 53

estado de respuesta, 48, 51

estrés
    angustia, 44, 189, 195
    bioquímico, 44
    conductual, 9, 44, 45, 89, 92
    contexto, 44, 76
    diez mejores liberadores de estrés, 160
    emocional, 9, 45, 47, 55, 79, 89-96, 98, 119, 129, 130, 157, 159, 166, 175, 177, 179, 184, 195
    estrés, 43
    estructural, 44
    respuesta clásica ante el estrés, 14, 47-48, 60, 77, 91, 119, 129

estrés bioquímico, ve estrés, bioquímico

estrés conductual, ve estrés, conductual

estrés emotivo, 45, 51, 55, 87, 89, 91-96, 98, 119, 157, 159, 167, 175, 177, 179, 184

estrés estructural, 45

estrés según el contexto, ve estrés, contexto

Eustrés, 43

G

Gancho de Cook, 38, 95, 157, 159-160

ganglio basal, 78-79, 105

Gardner, John, 73, 194

Marcha cruzada, ve Actividades

Gimnasia para el cerebro®, 26, 33, 58, 65, 82, 94, 120, 121, 142, 143, 148-151, 154, 189, 190, 191, 193

glándula pineal, 74, 78, 79

Goodheart, George, 11, 12, 16

Goodrich, Janet, 124, 137, 194

gusto, 70, 81, 130, 193

H

Hannaford, Carla, 33, 79, 112, 131, 194

hemisferio del detalle, 80

hemisferio derecho, 65, 73, 138

hemisferio izquierdo, 60-61, 66, 73, 138

hemisferio del conjunto, 80

Hipertón-X, 120, 143, 159, 168, 178, 183

hipocampo, 78, 79, 90

hipotálamo, 65, 78, 79, 90

I

Información del sándwich, 26

integración, 6, 9, 18, 63, 86, 113, 116-118, 129, 133, 139, 142, 147, 157, 184, 195, 204

integración cerebro-cuerpo, 9

integración sensorial, 129

J

Jensen, Eric, 70-73, 165-167, 194

K

kinesiología

Kinesiología aplicada, 11, 66, 193

    Gimnasia para el cerebro®, 26, 33, 58, 65, 82, 94, 120, 121, 142, 143, 148-151, 154, 189-191, 193

    modelo de energía, 12-16

    Oportunidades educativas, 165, 191, 192

    Kinesiología educativa, 33, 82, 191

    Hipertón-X, 120, 143, 159, 168, 178, 183

    One Brain, 116, 163, 166, 195

    Kinesiología especializada, 9, 11, 15-23, 93, 189

    Conceptos Tres en Uno, 189, 195

    Toque para la salud, 15, 94, 110, 189, 191-194

Kinesiología Educativa, 33, 82, 148, 191

Kinesiología especializada, 9, 11, 15, 23, 93, 189

L

lenguaje corporal, 103

Liberación de los músculos de la pierna, 121, 167, 178, 184

Liberación del estrés emocional, 85-87, 94, 95, 157, 159, 167, 177, 184

lóbulo frontal, 15, 81, 105, 107

lóbulo occipital, 81

lóbulo parietal, 81

lóbulo temporal, 81

M

Maguire, John, 16, 194

Mecedora, 120, 159, 160, 184

memoria, 72, 78-80, 91, 95-97, 129, 139, 140, 147, 188

meridiano de energía, 15-16, 59-61, 118

meridianos, 59, 62, 94

mielinización, 75, 164

modelo de energía, 12-17

motricidad fina, 146-148, 166, 168, 176-178, 181, 184

motricidad gruesa, 79

N

neuronas, 70-72, 74, 105, 146, 195

neurotransmisor, 15, 70, 75, 104

O

Observación, 26-28, 31, 35, 155

Ochos alfabéticos®, 85, 150, 159, 160, 168, 178, 184

Ochos perezosos® para la vista, 85, 135, 160, 167, 178, 184

Ochos perezosos® para la escritura, 149, 160, 168, 178, 184

oído, 39, 50, 70, 78, 81, 106, 129, 130, 138-140, 144, 166, 176-178, 180-182

olfato, 70, 96, 130, 180

One Brain, 116, 195

P

parloteo mental, 5

Perfil Personal de Organización Cerebral®, 32

Pert, Candace, 90, 104, 195

preverificación, 7, 26, 173, 182

Programación Neuro Lingüística, 11, 98

puntos reflejo neurovasculares, 16, 94

Puntos positivos®, 38, 95-97, 136-137, 162, 172

Puntos reflejo para corregir el modo de caminar, 85, 118, 160, 167, 178, 184

puntos para aliviar el dolor de cabeza, 122

Puntos oculares, 39, 136, 157, 160, 167, 178, 184

R

Ranita cerebral, 34

Reflejo del tendón de protección, 83, 119

reflejos neurolinfáticos, 16

Relajamiento de cuello y hombros, 122, 167, 178, 184

Respiración polarizada, 65-66, 160, 167, 177, 183

Respiración profunda, 124

respuesta clásica ante el estrés
estado de alarma, 49-50, 77
estado de sobrecarga, 48, 53
estado de respuesta, 48, 51

Rotación ocular, 96-97, 159-160, 162, 167, 172, 177, 184

S

sabor, 130

Seguimiento de meridianos, 59

Seis ultra veloces, 7, 36-37, 43-44, 156-157, 166

Selye, Hans, 43

sentidos
gusto, 70, 81, 130, 193
oído, 39, 50, 70, 78, 81, 129-130, 138-140, 166, 176-178, 180-182
olfato, 70, 96, 130
propiocepción, 82, 108-109, 131
tacto, 38, 43, 59, 70, 78, 81, 94, 98, 102, 107, 110, 117-119, 131, 147-148, 189, 191, 194, 195
vista, 49, 70, 78, 81, 124, 131-137, 147, 150-151, 166, 175-177, 184, 194

sentidos químicos, 130

sinapsis, 74

sistema de activación reticular, 77, 82-83, 106

sistema linfático, 16

sistema nervioso central, 60, 69, 109, 120

sistema vestibular, 77, 106, 140

Stokes, Gordon, xvii, 42, 88, 188, 195

Sylwester, Robert, 91, 105, 146, 195

T

tacto, 38, 43, 59, 70, 78, 81, 94, 98, 102, 107, 110, 117-119, 131, 147-148, 189, 191, 194, 195

tálamo, 78-79, 130

Thie, John, 102, 142, 195

Topping, Wayne, 22, 96, 189, 195

Toque para la salud, 15, 94, 110, 189, 191-194

Trébol, 150, 168, 178, 184

tronco encefálico, 74, 77-78, 83-84, 106, 121

U

usando las palmas, 137, 167, 178, 184

V

verificación de músculos, 12, 26, 109, 163-164, 190

verificación posterior, 7, 27, 164, 179

visión, 49, 70, 78, 81, 124, 131-137, 147, 150-151, 166, 175-177, 184, 194

Vos, Jeanette, 71, 194

W

Whiteside, Daniel, 2, 23, 42, 88, 188, 195

Avances de próximas atracciones

Añade una emoción:
Pregúntate siempre:
"¿Qué diferencia hará
esto de mí?"

Maneja tu estado
con equilibradores
cerebro-cuerpo

Escucha música mientras lees:
La barroca es la mejor

Usa luz brillante, natural

APRENDIZAJE
BRILLANTE

Parte en trozos lo nuevo que
aprendas: 20 minutos como
máximo y luego revisa

Mantén tu cuarto fresco

Usa colores y mapeo mental
para hacer anotaciones

Incluye retos y novedades:
fija metas

Utiliza tus inteligencias
múltiples

Toma frecuentes recesos:
come una fruta o estírate

Utiliza estas sencillas estrategias para aprovechar bien este libro

APRENDIZAJE BRILLANTE

En la actualidad está disponible sólo como taller en vivo con Sharon Promislow. Para mayor información comunícate con Enhanced Learning o los representantes de Gimnasia para el cerebro® en México (datos en la página 191 de este libro).

Electrifica tu cerebro y tu aprendizaje con descubrimientos drásticos acerca de cómo el cerebro humano aprende mejor. Luego de mejorar tu "hardware" cerebro-cuerpo con las técnicas para el estrés y manejo de estados presentados en este libro, el siguiente paso es adquirir el material de "software" de tecnología de punta: las últimas estrategias de aprendizaje acelerado y afable con el cerebro. Descubrirás:

- La manera en que aprenderás más rápido, a retener información durante más tiempo, ¡y a disfrutar del proceso!

- Cómo crear un entorno y un estado óptimos para obtener éxito al trabajar con los ciclos naturales, ritmos y química del cerebro.

- Lograr una serie de estrategias de aprendizaje que aumentará tus habilidades productivas, hacer anotaciones, realizar lecturas veloces y mejorar el proceso de memorización.

- La manera de mejorar tu visión, oído, memoria retentiva y escritura sin esfuerzo.

- Cómo aprender mejor y la manera de tener acceso a tus inteligencias múltiples.

Acerca de la autora

Sharon Promislow es conferencista internacional en los sectores corporativo y educativo. Es kinesióloga especialista certificada en Kinesiología Educativa (Gimnasia para el cerebro®), Toque para la salud, Kinesiología del bienestar, Tres conceptos en uno y aprendizaje basado en el cerebro.

Facilita talleres innovadores de desarrollo personal y profesional de temas como manejo del estrés, integracion cerebro-cuerpo, creatividad, lectura, memoria, enseñanza, habilidades de presentación y Lightning Learning®.

Es autora de artículos profesionales y materiales de presentación para conferencistas y maestros, así como de los libros *Putting Out the Fire of Fear* y *The Top Ten Stress Releasers*.

Ha participado en diversos programas de televisión en Canadá en las grandes cadenas televisivas, asi como en conocidos programas de radio y televisión y regularmente es citada por los medios de comunicación como experta en aprendizaje y manejo del estrés.

Fue miembro directivo de Touch for Health Kinesiology Association of America, y es una de los fundadores de la Canadian Association of Specialized Kinesiology. Vive en Vancouver, Canadá, con su familia.

Acerca de la ilustradora

Cathrine Levan fue campeona mundial de kick boxing. Cathrine aporta su energía enfocada y una actitud de "es fácil, todos pueden hacerlo" a todo lo que hace. Su talento artístico se ha expandido hasta hacer su propia empresa de mercadeo, KickStart Communications, Inc.

Esta compañía se especializa en mercadeo y realiza servicios de marcas para empresas que comienzan. Su compañía fue elegida para proporcionar servicios creativos y de comunicacion para los juegos olímpicos y paraolímpicos de 2010 en Vancouver. KickStart Communications, Inc. también fue elegida como finalista para el reconocimiento Entrepreneur of the Year en su primer año de trabajo.

Cathrine Levan es especialista kinesióloga capacitada. Fue presidenta de la Canadian Association of Specialized Kinesiology. Disfruta cantar en un coro "a capella" llamado Soundscape, en Surrey, Columbia Británica, donde vive con su familia.

OTROS TÍTULOS
DE ESTA CASA EDITORIAL

Aprende mejor con Gimnasoa para el cerebro®
Paul E. Dennison, Gail E. Dennison

Aprender moviendo el cuerpo
Carla Hannaford

Cómo aprende tu cerebro
Carla Hannaford

Cómo aplicar Gimnasia para el cerebro®
Paul E. Dennison, Gail E. Dennison

Cómo integrar a niños con necesidades especiales
al salón de clase con Gimnasia para el cerebro®
Cecilia K. Freeman

Esta obra se terminó de imprimir
en septiembre de 2015, en los Talleres de

IREMA, S.A. de C.V.
Oculistas No. 43, Col. Sifón
09400, Iztapalapa, D.F.